5초 실행의 기적

임은희 지음

가나북스

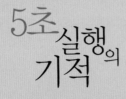

5초 실행의 기적

2016년 09월 5일 초판 발행

지은이 임은희

펴낸이 배수현

디자인 유재현

홍 보 배성령

제 작 송재호

펴낸곳 가나북스 www.gnbooks.co.kr

출판등록 제393-2009-12호

전 화 031-408-8811(代)

팩 스 031-501-8811

ISBN 979-11-86562-37-6(03190)

후회 없는 삶은 '5초 실행'으로 시작된다.

"아~ 이렇게 살면 안 되는데... 안되는데..."

아직도 머릿속으로 생각만 하고 있나요?

항상 머릿속으로 자신을 질책하며 지금 당장이라도 뭔가를 시작해야 할 것만 같고, 때론 질책을 넘어 힐난과 비난을 하면서도 아직도 그대로 그 자리에 아무것도 하지 않은 채 전혀 움직일 생각을 하지 않고 있는가? 달라져야 한다. 이제 그대는 진정 당신이 원하는 곳으로 날개를 펴 비상해야 할, 그대의 인생을 책임져야 할 그야말로 엑스트라가 아닌 '주연'이다.

우리는 드라마에서 다양한 인물들을 만나 볼 수 있다. 그곳에선 주연부터 엑스트라에 이르기까지 다양한 인물들이 등장한다. 지금의 당신은 당신의 인생에서 주연의 삶을 살고 있습니까? 엑스트라의 삶을 살고 있습니까? 모두 맡은 바 자기의 소임을 다 하고 있다고는 하지만, 왠지 '내 인생이 엑스트라 같은 느낌이 드는 건 뭘까?' 어찌 보면 이 사회가 우리를 그렇게 만든 것 같은 느낌마저 드는 요즘이다. 도대체 무엇부터 해야 할지 망막한 요즘, 그것이 이 대한민국의 현주소다. 남들이 다 하니까 당신도 도태될까 봐 의미 없이 남들의 행적을 그대로 쫓아가게 되는 현실인 것이다.

우리는 너, 나 할 것 없이 각자 나름의 많은 고민을 안고 살고 있다. 좀 더 좋은 대학을 가기 위해 오늘 지금 이 순간에도 공부와 고군분투하는 고등학생, 좀 더 나은 직장에 들어가기 위해 학점관리, 해외연수, 토익/토플 공부, 자격증 취득, 취업준비, 공무원 시험으로 바쁜, 소위 스펙 쌓기에 한창인 대학생과 취업준비생, 그리고 지금 하고 있는 이 일이 진정 적성에 맞는 일인지, 오랫동안 꿈꿔왔던 일인지 사이에서 여전히 갈등하고 있는 직장인들. 이 모두는 실제 우리 주변 가까이 있는 친구이자 후배, 그리고 선배들의 이야기다. 아니, 이 책을 들고 있는 당신의 이야기이기도 하다.

우리는 마치 사회적 잣대로 등급이 매겨지는 이 현실에 신음하고 있다. 우리의 빛깔은 전혀 푸르지도 않고, 아름답지 않고 신선하지도 않은, 그저 무채색에 가깝다. 아무리 햇빛이 쨍쨍하고 화창한 날이어도 고민 많은 우리들에겐 그저 회색빛이 짙은 먹구름 산뜩 낀 하늘로 보일 뿐이다. 그렇다고 그냥 그렇게 넋 놓고만 있을 것인가? 여전히 머릿속으로만 애꿎은 '바벨탑만 쌓았다 무너트렸다.'를 반복할 것인가?

　나도 한 때 뭘 해야 할지 갈피를 잡지 못해 많이 고민하고 힘들어했던 적이 있다. 나 역시 머릿속으로만 만리장성 수십 번, 에펠탑도 수백 번 지었다 무너트리기를 수없이 반복했다. 물론, 그랬었기에, 그 과정이 있었기에, 지금의 내가 있기에, 그 과정이 잘못된 과정이라고 생각지는 않는다. 다만, 그 생각의 과정에 넋 놓고 생각만 할 것이 아니라, 자신의 목표에 근접하기 위해 공자의 말처럼 작은 돌을 들어내는 일부터 차근차근 시작해 나가야 한다. 내 청춘의 한때, 좀 더 일찍 '작은 돌[5초 실행]'을 들어내는 일부터 차근차근해 왔더라면 국도가 아닌 고속도로로 가는 길을 훨씬 더 빨리 발견했을지도 모른다.

　지금의 나는 '5초 실행'을 생활화하고 있다. '5초 실행'을 접한 그 순간부터, 나의 삶은 바뀌기 시작했다. 즉, '5초 실행' 그것이 진정한 내 인생을 찾기 위한 시발점이었던 것이다. 나는 '5초 실행'으로 모든 것을 해냈다. 내 곁엔 항상 '5초 실행'이 함께 했고, 지금도 함께 하며, 앞으로도 계속 함께 할 것이다. 실업 고등학교를 나온 내가 영어강사, 해외 주재원, 외국계 회사에서 일할 수 있었던 비결은 '5초 실행' 덕분이었다.

이 책은 지금의 삶에서 뭔가 새롭게 시작하고 싶은데, 뜻대로 잘 이뤄지지 않는 당신. 당신에게 꼭 필요한 책이다. 뭐든 너무 쉽게 포기하고, 굳은 마음가짐으로 시작해도 그저 작심삼일에 그치는 당신에게 '5초 실행'은 새로운 인생을 열게 해줄 것이다. 처음부터 너무 큰 욕심에서 비롯된 무모한 계획의 부질없음을 '5초 실행'을 통해 이제는 보다 더 쉽게 성취감의 맛을 볼 수 있을 것이다. 그 성취감은 또 다른 할 거리를 찾고, 또다시 도전하고, 시작하게 된다. 더 이상 작심삼일은 여러분의 것이 아니다.

그저 도태되기 싫어 남들이 하니까, 시대에 부응하기 위해 의미 없이 뭔가를 하고 있는 분, 혹은 꿈을 찾기를 원하지만 어떻게 그 꿈을 이루는지에 대한 방법을 몰라 갈팡질팡해하는 여러분들을 위한 답이 여기에 있다. '5초 실행'이 당신의 목표로 다다를 수 있는 기적 같은 길로 당신을 안내해 줄 것이다.

후회 없는 삶을 살고 싶습니까? 그렇다면 지금 당장 '5초 실행'부터 시작하자. 간단하다. 공자의 말처럼 산을 움직이려면, 그저 '작은 돌[5초 실행]'부터 하나하나 들어내면 된다.

The man who moves a mountain begins by
carrying away small stones.
산을 움직이려 하는 사람은
작은 돌을 들어내는 일로 시작하느니라.

– 공자 –

후회라는 건
인생이 기대에 어긋나거나
열심히 시도해 보지 못한 꿈이 남아 있을 때만
하는 거야.

– 〈하워드의 선물〉, 하버드 경영대학원 교수 하워드 스티븐슨 –

| 목차 |

Chapter 01

청춘,
'5초 실행'을 위한
워밍업

I do believe I am special.
My special gift is my vision, my commitment, and
my willingness to do whatever it takes.

———

Anthony Robbins

나는 내가 특별한 존재임을 믿는다.
나의 특별한 재능은 나의 비전과 나의 헌신,
그리고 무슨 일이 있어도 실행하는 나의 자발성이다.

———

미국 최고의 동기부여가, 베스트셀러 작가 앤서니 로빈스

수영을 시작하기 전 몸을 조금은 유연하게 하기 위해 준비운동이 필요하듯이, '5초 실행'의 시작과 함께 그 이상을 위해 워밍업 단계 몇 가지가 필요하다. 물론, 이 워밍업 단계를 굳이 하지 않아도 '5초 실행'을 시작하는 데 크게 무리는 없다. 하지만, 말 그대로 워밍업[WARMING-UP]을 통해 내 몸이 잘 작동할 수 있도록 기름칠 하듯, 나의 두뇌 스트레칭도 필요하다.

평소 나를 지배하고 있던 생각들이 언제든 바뀔 수 있다는 열린 마음으로 다가가 본다. 실행 워밍업 5단계를 숙지한 후, '5초 실행'을 시작한다면, 생각보다 쉽게 더 큰 성과를 기대 할 수 있을 것이다. 이 워밍업 단계를 충실히 이행하고 내 것으로 만들게 되면, 5초를 넘어서 5분, 5시간, 50시간 그 이상의 성과를 기대할 수 있다.

만약 굳이 이 실행 워밍업 단계가 필요하지 않다 생각되면 곧바로 '5초 실행'도 가능하다. 그러나 실행 워밍업 단계로 당신의 두뇌를 정신무장한 후 '5초 실행' 단계로 들어갈 것을 권장한다.

[1]
시작이라는 도전은
기회를 가져온다

You may be disappointed if you fail, but you are doomed if you do not try.
실패하면 실망할지도 모르지만, 시도조차 하지 않으면 죽은 몸이나 마찬가지다.

소프라노, 자선사업가 베버리 실즈

"수험번호 0000번 합격입니다."

정말 고대하고 고대하던 목소리였다. 비록 기계음 이었지만
말이다. 날아갈 듯이 기뻤다. 2000년 1월 고졸 27세 직장인이
뒤늦게 대학 합격 소식을 듣고 당시 기쁨을 만끽하던 얘기다.
그렇다. 바로 내 이야기다. 마치 온 세상을 다 가진 것 같았고,
이 세상에서 가장 행복한 사람은 그 누구도 아닌 나였다. 몇 번
의 대학 도전이었던가? 좀처럼 내겐 와주지 않았던 대학의 꿈,

27세의 나이에 비로소 이룰 수 있게 된 것이다. 정말 꿈인지 생시인지 그때는 온 세상이 내 것만 같았다. 내 인생에서 결코 잊을 수 없는 그날의 그 장면은 지금도 여전히 생생히 기억하고 있다.

'도전'의 사전적 의미는 '정면으로 맞서 싸운다.'이다. 아무것도 보장할 수 없다. 성공할 수도, 실패할 수도 있다. 50:50의 확률이라 할지라도 무작정 시작하는 것이다. 물론, 뒷감당은 오롯이 본인의 몫이다. 성공을 하면 그저 기쁨을 만끽하는 것이고, 실패하면, 또 다른 도전을 찾으면 된다. 그러다 보면 그 도전으로부터 새로운 기회가 또 보이기 시작한다.

1994년 나는 실업 고등학교를 졸업하자마자 직장 생활을 바로 시작했다. 너무 일찍 철이 들어서였는지 그리 넉넉하지 않은 집안 형편을 나몰라하고 인문계를 지원할 수가 없었다. 하루빨리 고등학교를 졸업하고 돈을 벌어야겠다는 생각에 실업 고등학교를 지원했다. 처음 나의 계획대로 고등학교를 졸업하고 바로 직장생활을 시작할 수 있었다. 소위 남들이 하는 '첫 월급'이라는 것을 타서 부모님께 빨간 내복도 사드렸고, 많은 돈은 아니지만 용돈도 드릴 수 있었다. 나도 이제 어엿하게 돈 버는 사회인이구나 하고 직장생활도 잘 적응해나갔다. 그렇게 직장생활 2년여쯤 하고 있을 즈음, 저 밑에 뭔가 해소되지 않은 응어리진 것 같은 것이 소화되지 않고 명치끝에 걸린 것처럼 자꾸 멈칫멈칫 하는 것이 있었다. '왜 나만 또래 친구들과 달리 대학의 낭만을 누리지 못하고, 이렇게 어린 나이에 직장에 들어와서 어른들 틈 사이에 끼어서 여기저기 눈치 보며 고군분투하는 삶을 살아야 하지?' 의문이 들기 시작했다. 그때부터 진정 내가 원하는 것이 무엇인지, 곰곰이 생각하기 시작했다. 물론, 회사생활도 나름 즐거웠다. 내가 어려서 이었을까? 직장 선배들의 배려로 나름 귀여움을 독차지하며 한때는 나의 꿈에 대한 갈망조차 잊은 채 그냥 그렇게 보낸 적도 있었으니 말이다. 그래도 해소되지 않고 명치끝에 걸려있는 것이 무엇인지 찾고 싶었고, 찾아야만 했다.

회사를 다니면서 입시학원을 다니기 시작했다. 1년 동안 낮에는 회사, 밤에는 학원을 다니며 대학 입시 공부를 했다. 그렇게 해서 마침내 나도 대학생이 될 수 있었다. 당시 내 나이 27세, 그동안 몇 차례의 대학 도전이 있었지만, 매번 실패했었고, 결국 나에게도 대학생이 될 수 있는 기회가 온 것이다. 하지만, 나이가 나이인지라 부모님께 쉽게 손을 벌릴 수 있는 입장이 아니었고 대주실 형편도 아니었다. 그동안 모아둔 돈으로는 대학 4년 등록금에는 턱없이 모자라는 금액이었다. 그리고 무엇보다 내 힘으로 이루고 싶었다. 너무 힘들어서 그만둘 때 그만두더라도, 당장 두 마리 토끼, 대학과 직장, 둘 다 포기하고 싶지 않았다.

드디어 나에게도 대학에 들어 갈 수 있는 입학자격이 생긴 것이다. 그야말로 밀레니엄 학번인 00학번의 시작이 뭔가 나의 인생에 새로운 시작을 알리는 나만의 암호와도 같았다. 상상만으로도 정말 행복했다.

사실 내가 회사에 늘어가던 20세 꼬마 숙녀였을 때는 상상조차 못했던 미래였다. 그때는 막연히 그저 회사 다니다 적당히 때가 되면 좋은 남자 만나서 결혼해서 살 것 같다는 막연한 생각을 해왔다. 주위의 친구들이 그랬었으니까. 하지만 내가 대학은 그저 남들이나 꾸는 꿈이고 사치라고 생각하고, 그냥 그렇게 직장만 다녔다면, 시작도 해보지 않고 포기 했다면, 나의 삶은 어땠을까? 글쎄, 그냥 그 삶에 안주하며, 그 세상이 다 인줄 알고 살았을 것이다. 물론, 인생에 대학이 전부는 아니다. 요즘엔 소신을 갖고 대학에 얽매이지 않는 사람도 많은 반면, 석/박사가 기본인 사람들도 많으니 말이다. 다만, 나는 안주하지 않고 본인의 위치에서 할 수 있는 도전을 하는 삶을 말하고 싶은 것이다. 실패를 한다 해도 시작은 반드시 해야 한다. 그러면 그 시작이 또 다른 기회를 가져오기 때문이다. 무엇인가 시작을 했고 그 시작 뒤에 실패든 성공이든 뒤따라 왔기 때문에 또 다른 시작을 할 수 있는 기회가 생긴 것이다.

실패가 두려워서 시작할 수 없는가?

> The real risk is doing nothing.
>
> 진짜 위험한 것은 아무것도 하지 않는 것이다.
>
> 미국 작가, 동기부여 강연가 데니스 웨이틀리

'기회'라는 것은 그냥 앉아 있기만 하면 오는 것일까? 그렇지 않다. 하물며, 은행에 가서도 번호표를 뽑고 기다려야 내 순번의 기회가 온다. 아무 생각 없이 의자에 앉아 마냥 기다려 보라. 누가 나를 불러 줄까? 어찌 보면 세상의 이치는 참으로 간단하다.

옛말에 '우는 아이 젖 더 준다.'고 했다. 뭔가 행동과 실행을 한 사람에게는 그만큼의 보상이 항상 뒤따르기 마련이다. 우는 아이에게는 배고픔을 채워줄 수 있는 '젖'의 보상이 뒤따르는 것처럼 말이다. 배고픔에 우는 아기는 정말 본능적으로 최선을 다해서 자신이 할 수 있는 '울음'이라는 의사표현을 하는 것이다. 의사표현이 가능한 우리는 본능적으로 배고픔에 울어대는 아이만큼은 아니더라도 무언가 작은 시작이라도 당장 시작해야 한다. 울었기에 보상이 뒤따른 것처럼, 여러분 자신이 원하는 것을 '시작'이라는 실행과 함께 도전해야 기회라는 보상이 온다.

미처 내가 원하는 것이 무엇인지 잘 모른다 할지라도, 내가 지금 처한 상황에서 할 수 있는 어떤 일이든 시작하는 것이다. 실패가 두려워서 시작할 수 없는가? 그 실패로 더 큰 교훈을 얻은 유명한 사람들의 사례가 많이 있다.

마이크로소프트사 창업자인 빌게이츠도 친구들과 먼저 시작한 사업의 실패에 깨끗이 승복하고 그 실패로부터 배움을 얻어, 후에 마이크로소프트사를 설립할 수 있었다. 우리가 보는 것만이 전부는 아니다. 그 이면에는 수많은 시행착오를 거친 후에야 성공을 거머쥘 수 있었던 것이다. IBM의 창업자인 토머스 왓슨 역시 '컴퓨터 타뷸레이팅 리코딩 컴퍼니'에서 수많은 어려움이 있었지만, 다시 한 번 재도전하여 하드웨어, 소프트웨어 판매 및 기업 컨설팅과 서비스를 주요 사업으로 하는 세계적인 다국적 기업인 IBM이라는 이름으로 재도약 할 수 있었다.

한번 실패했다고 '이 길은 내 길이 아니다'라고 생각하는 것은 큰 오산이다. 그 분야에서 일정 수준에 도달하지 못했기 때문에 실패할 수밖에 없는 것이다. 기존에 그 분야에서 난다 긴다 하는 사람들도 수두룩하게 실패 하는 세상이다. 무조건 된다고 낙관만 할 것이 아니라, 실패를 거울삼아 다시 도전하는 것이야말로 진정한 승리자인 셈이다.

'시작'하자! 무엇부터 해야 할지 망설여진다면, '5초 실행'부터 하나하나 단계적으로 실행하자. 그 시작 뒤엔 또 다른 기회가 세트로 뒤따라온다.

[2]
보이는 곳곳에 구체화 한
목표로 도배한다

명확한 인생 목표를 정확하게 글로 적고, 그것을 가지고 매일 묵상한다.
책, 그림, 벽보, 기타 신념에 바탕을 둔 독립심을 암시하는 물건들로 주변을 가득 채운
다. 그럼으로써 번영과 성공의 분위기 속에 파묻혀 지낸다.

〈생각하라, 그러면 부자가 되리라〉, 나폴레온 힐

여태껏 우리나라는 꿈의 중요성을 많이 강조해왔다. 꿈이 없
으면 미래도 없는 것이라고. 그래서 우리는 늘 학창시절부터
'꿈을 가진 자만이 성공할 수 있다.'와 같은 글귀를 보고 그저
큰 꿈을 만들기에만 급급했다. 꿈을 만드는 것에만 몰두했지,
그 꿈을 어떻게 이룰 것인지에 대해 누가 가르쳐 준적도 없고,
나 스스로도 구체적으로 생각해본 적도 없다. 예를 들어, 어렸
을 때 부모님이나 친척들은 항상 같은 패턴의 질문을 하시곤
했다.

"너는 커서 뭐가 되고 싶니?"

"의사요."

"왜?"

"아픈 사람들 고쳐주고 싶어서요."

"아휴~ 착하기도 해라. 아픈 사람 도와주려고... 그놈 훌륭하게 크겠네."

그 다음에는 그 어떤 질문도 오가지 않는다. 심지어 부모님까지도 말이다. 그저 부모님은 어린 아들/딸자식이 의사가 된다하니, 흐뭇하게 바라보실 뿐이다. 아이들의 꿈은 성장기를 거치며, 몇 십 차례 이상 바뀌는 것이 다반사다. 그때 마다 매번 신경 쓰며, 확인해 주는 것은 쉽지 않은 일이지만, 분명한 것은 원하는 꿈을 이루기 위해서는 어떻게 이룰 것인지에 대해서도 끊임없이 물어보고, 간접 경험을 할 수 있게 해주는 것이 무엇보다 중요하다. 중간에 꿈이나 목표가 바뀔 수 있는 한이 있더라도 말이다. 그러다 보면 스스로 책을 통해 찾아볼 수도 있고, 자기 목표에 대해 진지하게 고민이 많아지면서 그 방법을 찾아가는 과정을 스스로 겪게 되고, 깨닫게 된다.

그런 과정을 거치지 않았기 때문에 우리는 여전히 어렸을 때 제대로 찾지 못한 꿈을 20, 30, 40대에 심지어 50, 60대에 와서 찾는다고들 한다. 참, 아이러니한 상황이지 않은가? 물론,

성인이 되어서도 꿈조차 만들지 않고 살아가는 사람도 여전히 많다. 그런 측면에서 봤을 때 꿈을 찾고, 만들고 있다는 것만으로도 대단한 일을 하고 있음은 분명하다. 하지만, 여기서 중요한 것은 꿈을 만들고 찾은 후 어떻게 해야 그 꿈을 성취할 수 있는지, 어떻게 해야 성공할 수 있는지가 더 관건이다.

나 역시 나의 자아가 뚜렷해진 이후, 거의 20여 년의 인생동안 항상 그저 꿈만을 쫓기에 바빴다. 그리고 그 꿈이 뭔지 찾은 후는 '무조건 열심히 해야지.' 하는 의욕만 앞설 뿐 어디서부터 시작해야 하고, 무엇부터 해야 할지 막막했다.

나는 매일 머릿속의 도화지에 수많은 꿈을 썼다 지우기를 반복하였으며, 이것도 해보고, 저것도 해보고, 때로는 이도 저도 안 되면 제3안을 생각 할 때도 있었다. 부단히도 많은 것을 찾으려 애써왔다. 하지만 결과는 그야말로 미미했고, 차라리 안 하느니만 못한 경우도 허다했다. 그것은 다름 아닌 '의욕'만 앞섰기 때문이다. 왜냐하면 그 꿈을 이루기 위해 '구체적인 목표'가 빠졌던 것이다. 의욕만 앞세우고, 그저 낙천적인 생각으로 '잘 될 거야. 나는 할 수 있어.'만을 연신 외쳐대며, 그 어떤 구체적인 목표를 하나하나 찾아서 만들 생각을 좀처럼 하지 않았던 것이다. 대부분의 사람들의 경우 처음에는 거창한 계획을 세우고 실천하려 애쓰지만, 구체적인 목표를 제대로 세우지 않았기에 그저 작심삼일에 그치는 결과를 초래하는 경우가 허다한 것이다. 이 책을 보고 있는 지금, 당신이 무언가 목표한 바가 있다면, 우선 그 목표의 하위부분의 구체적 목표들을 하나하나 쪼개서 만드는 것부터 우선순위로 두어야 할 것이다.

목표를 너무 어렵게 생각할 필요는 없다. 우선 여러분의 꿈이 확실해졌다면 그 꿈을 위해 무엇부터 해야 할지 종이 위에 하나하나 써내려 가는 것이다. 종이 위에 써내려간 각각의 항목들이 구체적인 서브목표가 되는 것이다. 그 서브목표가 정해졌다면 '5초 실행'과 함께 시작만 하면 된다. 단, 두루뭉술한 추상적인 서브목표는 안 된다는 것을 염두 하에 작성한다.

나의 경우를 예로 들어보자. 나에겐 원대한 목표가 있다. 나의 원대한 최종 목표는 불우한 아동들을 도울 수 있는 기관을 만드는 것이다. 아직도 주위에는 방학 때면 점심을 어떻게 해결해야 될지 고민해야만 하고 힘들어 하는 친구들이 많이 있다. 그리고 배우고 싶어도 돈이 없어 꿈을 포기해야 하는 아이들도 여전히 많다. 지금 현재는 작게나마 단체를 통해 소액을 기부하는 정도지만, 훗날 나의 이름을 걸고 그들을 돕는 것이 나의 최종 목표인 것이다. 그렇다면 이러한 나의 최종목표를 이루기 위해서는 어떠한 일들이 필요할까? 최종목표를 이루기 위해서는 나의 개인적인 목표의 성취가 우선해야 할 것이다. 그 목표는 지금 내가 하고 있는 일에서의 성공이다. 지금 하고 있는 일이 잘 되어야, 그래야 그것을 발판으로 최종목표에까지 갈 수 있는 디딤돌이 만들어 지는 것이기 때문이다. 내가 지금 하고 있는 일을 성취해야 나의 최종 목표인 불우한 아동들을 돕는 일도 본격적으로 시작할 수 있다는 말이다. 혹자는 굳이 본인의 성공이 있어야만 불우한 사람들을 도울 수 있는 것은 아니지 않는가? 지금의 당신이 할 수 있는 만큼 도우면 되는 것 아닌가? 라고 반문할 수 있다. 그 말에도 일리가 있다. 하지만, 나의 경우는 나의 최종 목표가 있기에, 그것이 지금의 내 삶에 더 충실할 수 있는 동기부여가 될 수 있다는 것이다. 어찌보면, 나의 개인적인 성공은 종착역이 아니라, 경유지에 해당한다고 볼 수 있다. 훗날의 최종 목표를 성취하기 위해 지금 더 열심히 살려고 하는 것이다. 나는 나 개인의 목표와 더불어 그 목표를 발판삼아 더 큰 목표를 지향하고 있는 것이다. 그것은 나 개인만의 이익을 위해서가 아닌, 이 사회에 조금이라도 보탬이 될 수 있는 사람이 되기 위해서이다. 그래야 나의 개인적인 목표가 성취되었을 때에 또 다른 할 거리를 찾을 수 있는 원동력이 생겨 최종 목표에 매진할 수 있게 된다.

우선, 나는 개인적인 목표를 위해 구체적 목표를 매일 실행하고 있다. 현재 나의 나이 43세, 어리지도 그렇다고 나이 많이 먹지도 않은, 세상사 웬만큼 알고 있는 딱 좋은 때이다. 지금이야말로 제 2의 인생을 준비해야 할 때인 것이다. 아래에 개인적인 나의 목표를 이루기 위한 구체적인 목표를 함께 살펴보자. 단, 무리한 계획은 절대 세우지 않는 것을 기본 원칙으로 한다.

너무 무리한 구체적 계획을 세우게 되면 작심삼일로 끝나버리기 일쑤기 때문이다.

'5초 실행' 기적 프로젝트

- 6시 기상 : 10분 '할 수 있다.'-자기암시/20분 스트레칭/ 30분 독서/30분 글쓰기
- 일일 책 0.7권 독서/독서노트 작성하기[한 달 20권]
- 일일 2페이지 글쓰기
- 유명한 사람들의 강연 참석하기
- 매일 잠들기 전 '자기 암시' (다음날의 시작을 잘 할 수 있는 원리가 됨)

구체적 목표를 세울 때는 이렇게 나를 돌아보는 것부터 시작해야한다. 무턱대고 하는 허황된 목표는 지양해야 할 것이며, 내가 나를 제대로 바라보는 관점이어야만 구체적 목표가 술술 나올 것이다.

이렇게 쓴 구체적인 서브 목표들을 나의 집안 곳곳에 보이게 붙이는 것이다. 내방, 거실, 화장실, 냉장고, 지갑 속 그리고 휴대폰에도 붙이자. 내 활동영역 사정거리 안의 물건들에 나의 구체적 목표를 과감하게 붙여보자. 보고 싶지 않아도 봐지게끔 만드는 것이다. TV를 보려고 해도 곳곳에 보이는 나의 목표 때문에 마음 편하게 TV를 볼 수 없어, 불안해지기까지 할 것이다. 죄책감과 불안감이 느껴져 좌불안석 도통 TV는 눈에 들어오지도 않고, 그 자리에서 당장 일어설 수밖에 없어진다. 그럼에도 불구하고 그 자리를 박차고 일어설 수 없다면, 당장 '5초

실행'을 상기하자! 무조건 일어서서 발을 내딛어야 한다. 자세한 '5초 실행'의 단계는 다음 2장에서 자세히 다룰 것이다. 하지만, '5초 실행'을 하기에 앞서 실행의 열쇠가 될 수 있는 1장 워밍업 단계는 반드시 숙지하고, 내 것으로 만들고 시작하자.

나 또한 내 스스로가 나태해지고 무기력해 질 때마다 이 '5초 실행'을 떠올리고 바로 실행에 옮긴다. 책을 보다 졸음이 슬슬 올라치면 그냥 그 자리에서 바로 일어나 화장실로 가서 찬물에 세수를 하면 정신을 바짝 차릴 수 있다. 거기다 양치질까지 하고 나면 기분까지 개운해진다.

구체적인 목표를 실행 시에 제일 중요한 포인트는 시간 엄수다. 독서를 예로 들어보자. 마냥 시간을 정해놓지 않고 하게 되면 긴장감이 떨어져 하루 종일, 혹은 몇 날 며칠을 책만 붙잡고 있거나 성과 없는 일을 할 수 있게 된다. 그야말로 시간낭비인 것이다. 미쳐 다 마무리 하지 못해도 깨끗하게 그 시간이 지나면 손을 떼는 것이다. 한정된 시간 안에 책을 미쳐 다 읽지 못했다면, 우선 손을 떼라. 더 이상 붙잡고 있어 봐도 우리 뇌 구조상 몰입을 하게 되는 시간 자체가 길지 않으므로 구태여 붙잡고 있어도 이미 생산성이 떨어진 상황인 것이다. 그리고 미처 마치지 못한 부분은 10분 휴식 후 다시 재도전하거나 다른 시간에 재도전하자. 그리고 나면 뇌의 휴식이 있은 후라 새롭게 시작하는 것이 기억력 향상에는 더 큰 도움이 되는 것이다.

물론, 공부든 책읽기든 완전 몰입한 상황이라면 시간에 연연하지 말고 몰입에 더 충실하면 된다.

위와 같은 패턴의 방법으로 실행하되, 구체적 목표를 보이는 곳곳마다 나의 시야 안에 보이도록 붙여 놓는다면 의식적으로라도 훨씬 실행하는데 있어서 규칙적인 패턴을 가지고 매일 실행 할 수 있을 것이다. 그저 꿈만을 형상화 시켜놓고 열심히 하겠다는 '의욕'만을 앞세웠던 과거와는 전혀 다른 당신의 모습을 상상해도 좋을 것이다.

당신의 운명은 '실행의 결심'을 하는 순간 모든 것들이 구체화되면서 모습을 갖춰가게 될 것이다. 당장 지금부터 당신의 시선이 닿는 그곳에 구체화 된 당신의 목표를 하나하나 적어 나가자. 이 실행의 워밍업 단계를 충실히 해 나간다면 좀 더 빨리 당신의 목표에 다다를 것이다.

> 적지 않은 이들이 꿈에 도전한다는 미명 하에 자신의 일탈에 면죄부를 주고 용서한다. 이렇게 쉽게 선택한 꿈은 언제나 쉽게 버려진다. 마치 쇼핑센터에서 카드로 '지르듯이' 습관적으로 꿈에 집적거리다가 싫증나면 버리는 것이다.
>
> 〈드림온 네 꿈을 켜라〉, 김미경

[**3**]
긍정을 넘어선
'초' 긍정의 에너지

If I have the belief that I can do it, I shall surely acquire the capacity to do it even if I may not have the capacity at the beginning.

할 수 있다는 믿음을 가지면 처음에는 그런 능력이 없을지라도 결국에는 할 수 있는 능력을 확실히 갖게 된다.

마하트마 간디

"저는 평소 부정적인 스탈이여서요....."

사람이 날 때부터 부정적이고 긍정적인 사람이 있을까? 사람의 성격 형성은 자라나면서 주위의 환경에 의해 많은 것이 좌지우지 된다. 아무래도 가장 큰 영향은 부모님이 아닐까싶다. 보통 고등교육을 거쳐 대학과정까지 공교육을 통해서 배운다고 한다지만, 교육은 교육일 뿐이며 개인의 성격, 인성형성에 가장 크게 영향력을 주는 것은 역시 가정환경인 것이다.

프로이드의 성격 발달 단계에 따르면, 구강기, 항문기, 남근기, 잠복기, 생식기 이렇게 5단계의 시기로 성격이 형성 된다고 한다.

구강기[출생~18개월] 때는 구강을 통한 빨기, 물기로 지극히 본능적인 것에 만족여부가 충실한 단계이다. 항문기[2~3세] 때는 독립적 학습, 개인적인 힘, 부정적인 감정을 표현하는 학습, 부모의 양육 태도가 성격 발달에 중요한 결과를 가져오는 시기다. 남근기[3~5세] 때는 아동의 성욕에 대해 부모가 반응하는 방법이 외적태도와 감정에 영향을 주는 시기다. 잠복기[6~11세] 때는 성적관심이 사회적 관심, 놀이집단, 운동으로 대체되며 사람과 관계 형성 하는 시기다. 마지막으로 생식기[12~18세] 때는 사춘기가 시작되는 시기이며, 자신의 에너지를 진로, 대인관계로 투자해서 노년기까지 지속하는 시기다.

20세를 전후해서 성격 형성이 끝난다고 봐야 한다. 물론, 가정환경이 아닌 외적인 요인이 성격 형성에 어느 정도 기인하는 부분도 있겠지만, 자신이 늘 처한 환경의 지배를 벗어날 수는 없다.

자신이 처했던 환경이 어둡거나 부정적인 환경이었고, 설사 그렇지 않았더라도 어느 순간부터 비관적이고 부정적으로 생각하는 것을 당연한 것처럼 여기며 살아왔고, 그것을 마치 고칠 수 없는 성격으로 생각하고 살았다면, 정말로 '성격'이란 것은 고칠 수는 없는 것일까?

"저는 평소 부정적인 스탈이여서요." 이 말은 본인 스스로가 긍정적인 사람으로 바뀌려는 의지가 하나도 없는 말투다. '나는 원래 이런 사람 이에요. 당신이 이해하고 다 받아줘야 해요. 원래 부정적이라, 생각하는 것이 이것밖에 안돼요.'라고 본인 스스로가 자신을 규정화하고 상대방에게 벽을 만들고 상대방의 의견이나 생각을 받아들일 의사가 전혀 없다는 것을 완곡하게 좋게 포장해서 얘기하는 것이다.

부정적인 성격의 소유자여도 마음만 먹으면 충분히 바뀔 수 있다. 어렵지 않다. 그렇다면 무엇부터 시작해야 할까? 자, 이제 여러분의 말투부터 바꿔보도록 하자. 비록 생각이 타고나길 긍정적인 사람만큼(아니 긍정적인 환경에서 자란 사람만큼 이라고 해야 더 맞는 표현일 듯싶다.) 따라오지 못한다 할지라도 내 스스로 긍정의 말들을 내뱉다보면 어느새 나의 생각도, 나의 말대로 변할 수 있다.

'저는 긍정적인 사람입니다.'라고 머릿속으로 생각하면서 "아 ~ 그런 아이디어도 있었군요. 재고해 보겠습니다."라고 말이다. 여기서 오해의 소지가 좀 있을 수도 있다. "내가 긍정적인 사람으로 변화하려는데, 왜 상대방의 비위를 맞춰줘야 하느냐고?" 반문하면서 말이다. 그것은 잘못된 생각이다. 상대방에게 맞추려고 하는 것이 아니라, 나 스스로에게 주문을 거는 것이라고 생각해야 한다. 그래야 변할 수 있다.

성인으로 형성된 성격은 한 순간에 바뀌기 쉽지 않다. 그렇기에 주문을 외우듯이 시간을 가지고, 본래의 당신으로서는 이해하기 힘든 말들을 내뱉어야 하는 경우도 있겠지만, 자기체면인 것처럼 입으로 순간순간 내뱉는 연습을 해야 한다. 이것도 일종의 훈련 과정인 셈이다. 수년에 걸쳐 형성된 성격이 하루아침에 바뀌길 바라는 것은 무리다. 당신 자신에게 시간을 주자. 긍정을 넘어서 '초' 긍정의 에너지를 가질 수 있는 시간을 말이다.

긍정은 언제나 옳다. 언제나 정답이다.

말이 달라지면 점차 나의 생각에도 변화가 찾아오기 시작한다. 생각의 변화가 생기면 행동은 그에 상응하여 연쇄적으로, 자동적으로 달라지기 시작한다. 게다가 얼굴 분위기까지 달라진다. 예쁘지만 우울한 얼굴을 한 사람과, 조금은 못난이 같아도 늘 밝은 얼굴을 한 사람 중 어떤 사람에게 더 호감이 갈까?

긍정적이고 밝은 사람에게서는 뭔가 모르는 에너지가 느껴지고, 그 사람을 보고 있노라면, 즐겁기까지 하다. 그렇다고 무조건 낙천적인 사람이 되라는 것은 아니다. 아무 생각 없이 사는 사람마냥 '이래도 흥, 저래도 흥' 하면, 자칫 줏대가 없는 사람으로 보일 수 있다. 도무지 그 사람만의 생각을 알 수 없다. 아무하고나 별 문제 없이 잘 지낼 수 있는 사람임에는 분명하지만, 자칫 자기 소신이 없어 보일뿐더러, 그런 사람에게서는 그 어떤 매력을 찾아 볼 수 없다. 정말 긍정적인 사람이라면 상대방과의 이견이 있더라도 상대방 기분 나쁘지 않게 자기 소신을 말 할 수 있는 사람이어야 한다. 자기 의견을 긍정적인 에너지로 발산 할 수 있는 사람이 되자. 평소 던지는 한 마디 한 마디 말을 통해서 충분히 바뀔 수 있다. 아직도 "할 수 있다." 대신 "할 수 없다."로 생각할 것인가?

> What we dwell on is who we become.
>
> 우리가 무슨 생각을 하느냐가
> 우리가 어떤 사람이 되는지를 결정한다.
>
> **오프라 윈프리**

나 역시 매사 그다지 긍정적인 부류의 사람은 아니었다. 하지만, 무엇인가에 도전할 때만큼은 '할 수 있다.'라는 생각을 의식적으로라도 항상 머릿속에 염두하고 또 인식 시켰다.

그것은 곧 나의 머릿속에 각인되어 긍정을 넘어서 작은 실행들을 하나하나 해내는 계기가 되었다. 하지만, 주위에는 맹목적으로, 무조건 긍정적인 생각만으로 장밋빛 환상에 꿈을 거는 이들이 있다. 그들은 긍정적인 생각만 믿고 실행을 게을리 한다. 그리고선 난 긍정적으로 했는데, 왜 이런 결과가 나왔냐고 푸념을 하는 것이다. 긍정적인 생각은 기본 마음가짐이요, 거기에 작은 실행이 필수 요건으로 반드시 뒤따라야 긍정적인 결과를 가져 올 수 있다. 작은 실행의 배경에는 '5초 실행'이 있다. '5초 실행'이 작은 실행을 이끌어 준다. '5초 실행'을 시작하다 보면 작은 실행의 성취감을 느낄 수 있다. 이제는 '5초 실행'을 시작할 때이다.

> The pessimist sees difficulty in every opportunity,
> an optimist sees the opportunity in every difficulty.
>
> Winston Churchil
>
> 비관주의자는 모든 기회에서 역경을 보고, 낙관주의자는
> 모든 역경에서 기회를 본다.
>
> 윈스턴 처칠

긍정의 할 수 있다는 믿음! 그 믿음이 나의 역량, 능력을 확장시켜 줄 뿐만 아니라, 실행의 완성을 가져올 수 있다. 게다가 더 밝은 미래로 안내해 줄 기적이 여러분 앞에 성큼 다가 갈 것이다. 그래서 긍정은 언제나 옳다. 언제나 정답이다.

[4]

나에 대한 불신은
내 인생에 대한 배신이다

Man is what he believes.
인간은 스스로 믿는 대로 된다.

러시아의 소설가, 극작가 안톤 체호프

훅~ 하고 가슴까지 저며 드는 습한 더위.

그리고.... 뭔가 막연하게....

'여기서 살 수 있을까?' 하는 걱정 어린 속마음.

2007년 4월 호치민 떤션넛 공항에서 본 베트남의 첫인상이
었다. 80년대를 학창시절로 보낸 나에겐 2007년 베트남의 현
실이 우리나라 80년대와 비슷할 꺼라 생각했으며, 그다지 낯설
지 않을 거라 생각했다. 하지만 당시 베트남의 모습은 흡사 내

가 TV에서만 보았던 우리나라 60~70년대의 모습과 80년대, 그리고 2007년을 절묘하게 뒤섞어 놓은 것 같은 모습이었다.

'괜히 왔나봐... 거봐~ 못살 것 같다고 그랬잖아... 앞으로 너여기서 어떻게 살래?' 공항에 마중 나온 직원과 어색한 인사를 나누고 차에 타면서부터 회사로 가는 내내 그 생각이 나의 뇌리를 떠나지 않았다.

지금 생각해보면 참으로 용기가 가상했다. 한국에서 말하는 소위 혼기가 꽉 찬 나이, 아니 넘어선 나이, 34세의 도전. 선진국도 아닌 저개발 도상 국가, 영어권이 아닌 나라, 그것도 혈혈단신 여자로 말이다. 나의 용기가 가상했음을 자랑하고 싶어서가 아니다. 당시 베트남 행을 결심하기까지 많은 생각이 오고갔다. 최종 결심하기까지 하루에 열두 번도 더 고민하고 고민했었다. 결론은 나를 한번 믿어보자는 것이었다. '내가 아니면누가 날 믿어주겠는가?' 그러나 그런 믿음은 베트남 도착하자마자 공항에서부터 산산이 무너진 것이다.

나는 늘 내 자신을 믿고 행한 일이었는데, 왜 내게 이런 일이 일어났을까? 잘못 선택한 믿음이었을까? 아니다. 흔하게 주변에서 있을 수 있는 상황에 대한 잠시의 좌절감이었다고 봐야할 것이다. 나에 대한 믿음에 배신은 결코 있을 수 없다. 나는언제나 내 자신을 믿고 지지한다. 그 결과가 좋지 못할 때도 말이다. 어쨌든 그것은 내가 한 선택이니, 결과도 당연히 받아 들여야 한다. 내가 신이 아니고서야 어떻게 항상 올바른 선택만 할 수 있겠는가?

> Things do not change. We change. —Henry David Thoreau
> 상황은 바뀌지 않는다. 다만 우리가 변하는 것이다.
> **미국 사상가/문학자, 헨리 데이비드 소로**

그렇다. 환경과 상황은 나를 위해 절대 바뀌지 않는다. 내가 변해야 하는 것이다. 내가 그곳에 적응해야 하고, 혹여 그곳이 내가 원하는 곳이 아니면, 다시 다른 길을 찾으면 되는 것이다. 베트남 공항 도착을 시작으로 1년 4개월 정도를 베트남 호치민에 있는 해외 현지법인 한국 건설회사 주재원, 재경부 Manager로 근무했다.

처음 베트남에 발을 내딛었을 때 '내가 이곳에서 잘 살아 갈 수 있을까?' 싶었지만, 다행히도 처음의 우려와는 달리 어느 누구보다도 잘 적응해 나갔고, 그곳에서의 매 순간 순간은 나에게 너무나도 아름다운 추억으로 여전히 남아 있다. 물론, 어느 정도의 적응 시간은 필요했다. 모든 것이 낯선 환경에 익숙하지 않은 나는 처음에는 마치 갓난아이로 돌아간 것 마냥 그곳 사람들에게 의지하고 또 의지했다. 어린 아이가 두발로 걸을 수 있을 때까지 엄마에게 의지하는 것처럼 말이다.

한동안은 후회 아닌 후회와 옥신각신하며 그러한 선택을 한 내 자신과 계속 다투기도 했고, 돌아간다고 얘기해볼까 하고 고민 아닌 고민도 했다. 하지만 그런 고민은 시간이 해결해준다. 내가 그곳에 맞추면 되는 것이다. 이번에도 역시 나의 승리로 끝났다. 그것은 나에 대한 명백한 믿음이 있었기에, 그리고 처해진 환경에 변화를 두려워하지 않았기에 승리의 자축을 할 수 있었던 것이다.

우리는 때로 이것이 진정 맞는 결정인지 의심하며, 나 스스로를 옥죄고, 비난할 때가 있다. 우리 인생에서 모든 것은 선택의 연속이다. 그 선택이 항상 정답이면 좋겠지만, 맞을 때도 있고, 틀릴 때도 있는 법이다. 그럴 때 마다 매번 나에게 단죄를 줄 수도 없다. 내가 나를 믿고 따라야지, 누가 나를 믿고 따라와 주겠는가? 나조차도 나를 믿지 못하는 판국에 이 세상에 어느 누가 나를 믿어 줄 수 있겠는가?

결정을 내린 후에는 그 어떤 결과를 초래하든 오롯이 나 자신을 믿고 다음단계로 나아가면 되는 것이다. 때론 다음 단계로 나아가기까지 힘든 변화의 과정이 필요하겠지만, 굳세게 견뎌내야만 한다. 어떻게 항상 꿀물만 마실 수 있겠는가? 때론, 짠물, 쓴물, 텁텁한 물도 마셔야 되지 않겠는가? 그러다 보면 짠물, 쓴물, 텁텁한 물에 적응해 나가게 되는 것이고, 어느 순간 그것이 단물로 느껴질 때가 오는 것이다. 그러면 머지않아 단물은 꿀물이 될 것이다. 이러한 과정을 겪으면서 나의 안목의 성숙과 멀리 내다볼 수 있는 혜안도 생기게 되는 것이다.

나를 믿는 신념이 챔피언이다.

To be a champion, you have to believe
in yourself when nobody else will.

Sugar Ray Robinson

아무도 당신을 믿지 않을 때도 자기 자신을 믿는 것,
그것이 챔피언이 되는 길이다.

미국 전 권투선수, 슈거 레이 로빈슨

챔피언이 되는 길은 생각보다 어렵지는 않다. 자기 자신을 믿고 끝까지 밀고 나가면 되는 것이다. 〈꿈꾸는 다락방〉, 〈리딩으로 리드하라〉의 베스트셀러 작가로 익히 알려진 이지성 작가는 스무 살 때부터 작가의 꿈을 키워 왔다고 한다.

주위 사람들로부터 '네가 무슨 작가가 되겠니?'라는 소리까지 들으면서 작가의 꿈을 키운 지 10년이 지나, 서른 살에 출판한 책은 제대로 빛도 보지 못하고 사라졌고, 이후 몇 년이 더 흘러서야 베스트셀러 작가의 반열에 올랐다. 이지성 작가가 자신에 대한 믿음이 없었다면, 이미 작가의 꿈은 쉽게 포기 했을 것이고, 지금과 같은 베스트셀러 작가라는 좋은 결과를 얻지 못했을 것이다. 베스트셀러 작가가 된 것이 중요한 것이 아니라, 본인이 원했던 것을 끈기 있게 믿고 계속 두드렸다는 것만으로도 이미 그는 베스트셀러 작가가 될 자질이 충분했던 것이다.

요즘의 우리는 단시간에 빠른 결과를 얻기 원한다. 편의점의 쉽고 빠르게 먹을 수 있는 인스턴트 음식의 붐을 타, 우리의 꿈, 목표마저도 인스턴트화를 지향하는 사회가 되어 버린 것은 아닐까?

전자렌지에 3~5분 조리한 음식, 혹은 겨우 100도씨가 될까 말까한 물로 데워진 컵라면은 먹을 때는 손색없는 한 끼인 것 같지만, 먹고 난 후 그 배부름은 그리 오래가지도 않을뿐더러, 속도 더부룩하다. 영양적인 면에서는 두말할 것도 없이 우리 몸에 절대 유익할 것이 없는 음식이다. 그까짓 인스턴트 음식정도는 먹고 난 후 화장실 한번 다녀오면 끝난다. 그뿐이다. 하지만, 우리 꿈, 목표에게 빠른 결과만을 자꾸 재촉한다면, 어떻게 될까? 건축 현장에 비유하자면, 부실공사나 마찬가지라고 말할 수 있다. 큰 목표와 그리고 구체적인 목표의 뼈대가 잘 갖춰지지 않은 상태에서 결과만을 재촉한다면, 한순간에 실패로 나타날 수 있다. 그래서 '5초 실행'이 필요하다.

'5초 실행'을 하나하나 행하다보면 구체적 목표에도 접근하기 쉬워진다. 당신에겐 그 어떤 최종목표가 없다면, '5초 실행'을 하면서 구체적인 목표부터 만들면 된다. 구체적 목표가 만들어지면, 다시 큰 목표에 도전하면 된다. 그렇게 부담 없는 작은 단계의 실행에서 큰 실행으로 확장해 나가면 되는 것이다. 때론 '5초 실행'의 실패가 있을 수도 있다. 그러면 재차 다시 시작하면 된다. '5초 실행'의 장점은 인스턴트 음식처럼 빠르게 다시 시작할 수 있다는 점이다. 하지만 그 결과는 절대 인스턴트 음식처럼 해롭지 않기에 거듭 재실행을 강조하는 바이다. 다만 섣부른 재촉은 하지 않길 바란다. 항상 빠르고 쉬운 방법만이 능사가 아니기 때문이다.

> Slowly, but always forward.
>
> 천천히, 그러나 늘 앞으로.
>
> **프랑스 소설가 베르나르 베르베르**

자신에 대한 믿음 대신, 남들의 시선, 남들의 잣대에 편중하다보니, 진득하게 믿음을 가지고 자신을 기다려주지 않는다. 나에 대한 불신이야말로 나를 배신하는 것이다. 나 자신에 대한 믿음을 먼저 가져보자. 그까짓 것 하나 못하냐며 자신을 책망하는 대신, 내가 할 수 있는 것부터 천천히 도전해 보자. 언제든 그 시작에는 '5초 실행'이 있다.

정 하기 힘들면 포기하면 된다. "뭐라고요? 포기라고요?"라고 말 할 수도 있다. 하지만 내가 말 하고 싶은 것은 언제든 다시 시작하면 된다는 것이다. '5초 실행'의 시작은 그렇게 거창한 실행이 아니어서 심적 부담 없이 언제든 다시 시작할 수 있기 때문이다. 오히려, 너무 초조해 하기 때문에 오히려 일을 그르치는 경우가 있다. 섣부른 판단으로 '난 이래서 안 돼. 이제

끝났어.'하며 비관적인 생각이 더 생각을 좁게 만들고, 자기 스스로에 대한 신념은 온데간데없고, 환경 탓만 하며, 다시 시작할 생각조차 하지 않는 것이다. 그렇게 악순환의 반복이 연속되는 것이다. 신념을 가지고 '5초 실행'을 하자. 안되면 다시 시작하는 것이다.

'5초 실행'은 어린아이에서부터 나이 드신 어르신까지 모두 쉽게 도전할 수 있다. '5초 실행'을 반복적으로 하다보면 어느새 '5초 실행'은 나의 몸에 체화 되어 있을 것이다. 그 체화된 '5초 실행'을 좀 더 자기가 생각하는 구체적인 목표에 하나하나 끼워 맞추고, 자신에 대한 신념만 끝까지 가지고 간다면, '5초 실행'을 발단으로 그 이상의 실행으로 거듭나는 진정한 챔피언이 될 수 있을 것이다.

> "태어날 때는 자신이 얼마만큼의 값어치인지 아무도 모릅니다. 그러다 보면 사람들이 '너는 1,000원짜리야', '너는 1만 원짜리야'하고 가격표를 붙이죠. 그러면 남들이 붙여놓은 가격이 자기 값어치인 줄 압니다. 하지만 시장에서 물건 가격을 정하는 것은 손님이 아니라 주인입니다. 여러분의 값어치를 정하는 것도 세상이 아니고 여러분 자신입니다."
>
> 척추 장애를 극복한 국제 사회복지사, 김해영
> 출처 : 김미경의 드림온

[**5**]
실패는 고액의
과외수업이다

> I can accept failure, everyone fails at something. But I can't accept not trying.
> 나는 실패를 받아들일 수 있다. 모두가 무언가에 실패하기 때문이다. 하지만 난 시도도
> 하지 않는 것은 받아들일 수 없다.
>
> **미국의 농구 황제 마이클 조던**

'실패는 성공의 어머니'라는 말도 있듯이, 처음부터 실패할 것을 두려워하지 말고 시도의 시도를 거듭하다 보면 반드시 성공은 뒤따르게 되어 있다. 오히려 실패를 감사하게 생각하고 다시 정진 하는 것이다. 실패했을 때 다시 새로운 시작을 할 수 있도록 '5초 실행'이 더욱 빛을 발휘 할 수 있다.

어제의 실패를 오늘의 '5초 실행'부터 다시 시작하면 된다. '5 초 실행'은 다른 어떤 거창한 실행에 비해 누구나 쉽게 시작할

수 있기에 실패에 대한 큰 부담이 없기 때문이다.

일단, 일어서서 발을 내딛고 무엇이든 시작하는 것이 중요한 것이다. 처음부터 너무 큰 욕심을 부리게 되면 실패 할 확률도 더 커진다. 큰 욕심은 조금 접어두고 '5초 실행'을 생각하며 시작의 문을 열어준다. 내 스스로가 나태해지는 것 같은 느낌이 들 때마다 복잡한 생각은 접어두고 무조건 '5초 실행'을 한다. 나태해질 때 '5초 실행'은 매우 유용하다. 하다못해 미루고 있던 방청소를 위해 청소기라도 들게 되니, 그 다음 남은 것은 청소다. 그렇게 시작하면 된다.

앞서 말한바와 같이 나는 두 번의 쓴 고배를 마신 후에야, 대학을 다닐 수 있었다. 나는 당시 직장을 다니고 있었고, 굳이 대학을 가지 않아도 되는 상황이었다. 요즘에는 고등학교를 졸업하면 대학과정을 밟아야 하는 것이 당연한 절차이겠지만, 당시에는 나와 같은 고등학교 졸업자도 꽤나 많은 때였다. 게다가 나는 실업계를 졸업하여 바로 회사 취직도 했었고, 대부분 나의 친구들의 경우는 직장을 다니다 결혼 하는 것을 마치 정해진 수순처럼 받아들였다.

사실 당시의 내겐 대학캠퍼스의 낭만이니 뭐니 하는 것은 둘째이고, 막연하게 대학을 가야겠다는 목표와 의지가 불탔다. 첫 번째 그리고 두 번째 낙방. 불타오르는 의지만 가지고 덤빈다고 되는 것이 아니었다. 처음에는 '떨어질 수도 있지. 여태껏 제대로 공부 한번 안했는데...' 나 스스로를 위로하고 다독였다. 두 번째 떨어졌을 때는 '나는 정말 안 되는 건가? 대학은 내게 그냥 꿈일 뿐인가? 사치일 뿐인가? 여기서 놔야 되나?' 자괴감마저 들었다. 하지만, 그 실패가 나를 더 독종으로 만들어 주었다. 세 번 실패의 과오는 더 이상 저지르고 싶지 않았다. 그래서 회사도 더 열심히, 학원도 더 열심히 다녔다. 주말엔 나태해질까봐 도서관으로 무조건 출근도장을 찍기도 했었다.

> 삼수생 생활이 마윈에게 어떤 교훈을 주었을까? 첫째, 무슨 일이든 어려움이 있고 극복할 수 없는 면도 있다. 수학은 여전히 두려운 대상이지만 이 상황도 언젠가는 지나간다는 것이다. 둘째, 삼수생 시절의 고통이 있었기 때문에 마윈은 이후 자신을 증명할 수 있는 기회를 계속 찾았다. 마치 이전의 자신에게서 벗어날 기회를 주려는 것처럼 말이다
>
> 〈이것이 마윈의 알리바바다〉 둥즈쉬안, 이현아 역

중국 인터넷 전자 상거래 회사 '알리바바' 설립자인 마윈 역시 삼수생 시절의 고통이 본인을 성장시켰다고 말하고 있다. 실패를 실패로 생각하지 않고, 고통의 시간을 감내하고 마치 고액의 과외수업을 받은 것으로 생각하면 된다. 본인 스스로 깨달은 실패로부터 얻은 배움이란 책에서도 그 어떤 현인에게서도 보고 들었던 것과는 180도 다르다. 그것은 간접 체험이 아닌 직접 체험으로, 나의 몸으로 온전히 받아 들였던 실패에서 얻어진 것이기 때문이다. 그 어디에서도 살 수 없는 값진 청춘의 경험인 것이다. 마치 항생제를 계속 먹다보면 내성이 생

기는 것처럼 실패도 자주 접하다보면, 어느 정도의 내성이 쌓인다. 그러면, 다른 실패가 찾아온다할지라도 남들보다 덜 힘들게 실패에 대비할 수 있고, 또 빠르게 회복할 수도 있는 것이다. 두 번, 세 번 실패가 거듭 될 수도 있겠지만, 그 실패를 차차 극복하고 이겨낼 수 있는 나만의 노하우를 갖게 되는 것이다.

나는 더 이상 실패에 대한 두려움은 없다. 앞서 말했듯이, 실패에서도 무엇인가 교훈은 반드시 있게 마련이니까. 어느덧 중년의 나이에 접어든 나도 대학 낙방의 쓴 경험을 시작으로 여러 가지 실패의 경험이 있다. 나도 사람이기에 매번 그 실패가 달갑게 느껴지지만은 않는다. 다만, 거듭된 실패가 나도 모르는 사이에 나를 더 단단하게 만들어 왔다는 것을 시간이 지남에 따라 더 실감하게 된다. 실패를 극복하고 계속 도전하는 정신이야말로 진정 아름다운 것이다.

요즘시대가 말하는 스펙, 그것만이 중요한 것이 아니다. 소위 잘나가는 학교를 졸업했고, 석사, 박사의 긴 가방끈을 가진 사람이라도 그저 안주하는 삶을 살고 있다면 전혀 발전이 없는 삶을 살고 있는 것이다. 비록 실패한다 할지라도 본인이 하고자 하는 의지를 가지고 새로운 도전을 하는 사람이야말로 이 시대가 요구하는 진짜 경쟁력이 충만한 사람이다.

이제 경쟁력이 충만한 사람으로 거듭날 때다. 우리는 이미 고

액과외를 여러 차례 받아왔기 때문에 '실패'라는 것에 이력이 나있다. 그래서 언제든 다시 시작할 수 있다. 언제든 '실패'가 찾아오면, '5초 실행'부터 머릿속에 각인 시키자. 매일 하루의 시작은 '5초 실행'으로 시작하면 된다.

> **데일 카네기의 실패를 극복하는 방법 5가지**
> 1. 실패는 금방 지나가 버린다.
> 2. 실패는 소중한 스승이다.
> 3. 실패는 약점을 가르쳐 준다.
> 4. 수시로 노력의 방향을 수정하라.
> 5. 실패에도 굴복하지 않는 마음가짐이 중요하다.

'실패'의 적은 오직 '실행'뿐

> 나폴레온 힐[전 미국 대통령 고문, 베스트셀러 작가]의 연구에 따르면, 나날이 성장하는 삶을 사는 사람들의 가장 큰 공통점은 실패를 받아들이는 마음 자세에 있었다고 합니다. 하나의 일이 실패할 때, 그것을 인생의 실패로 확대하지 않고, 오히려 성공의 전조로 받아들이면서 꿈을 향해 더욱 힘차게 나아간 하루하루의 생활태도에 있었다고 합니다.
>
> 〈18시간 몰입의 법칙〉, 이지성

실행을 해서 실패를 겪고 있을 때, 그 실패에서 벗어나기 위한 방법은 아이러니하게도 역시 실행뿐이다. 몸을 움직여야 실패에서 하루 빨리 벗어날 수 있다. 그저 마음속, 다이어리에 실패에서 벗어날 수 있는 행동강령들의 리스트들이 아무리 많이 나열되어 있다 해도 실행하지 않으면 모두 부질없는 짓이다. 우선, 몸이 움직여야 여러 잡생각들로부터 벗어날 수 있다. 그리고 몸을 움직이다보면 자연이 생각 역시 그 방향으로 따라가기 마련이다. '5초 실행'을 하지 않으면, 계속 실패 속에서 허우적거릴 수밖에 없는 것이다.

애니메이션의 시초라 할 수 있는 '디즈니랜드'를 건설한 월트 디즈니의 실패에 대한 회복력은 탁월했다. 월트 디즈니는 1920년대 새로운 분야였던 애니메이션 사업에 도전했지만, 당시의 시대 상황 분위기는 애니메이션을 쉽사리 받아주지 않았다. 고스란히 재정적 부담으로 왔기에 20세가 되기도 전에 파산을 맞았다. 그러나 월트 디즈니는 그에 굴하지 않고, 다시 형과 함께 의기투합하여 애니메이션 제작 사업을 진행했다. 하지만, 배급업자와의 갈등으로 저작권과 판권도 넘기며 재정위기에 몰려, 또 한 번 좌절을 하게 된다. 여기서 월트 디즈니는 어떻게 했을까? 그렇다. 월트 디즈니는 오뚝이처럼 다시 일어선다. 마침내 미친 비행기(Plane Crazy)라는 타이틀의 '미키마우스'를 탄생시킨다. 그 이후, 미니마우스, 도날드 덕, 플루토, 구피등의 캐릭터들을 탄생 시켰으며, 백설공주와 일곱 난장이, 피노키오, 아기 코끼리 덤보, 신데렐라, 피터팬, 메리 포핀스 등 수 많은 애니메이션들을 성공시킨다. 거기서도 그의 도전은 멈추지 않았다. 어릴 적 가난하고 힘들었던 시절, 그다지 좋지 않았던 아버지와의 관계에서 생긴 아픈 기억들을 디즈니랜드 건설로 승화시켰다. 다음 세대 어린이들은 자신과는 달리 디즈니랜드에서 사랑과 행복을 느낄 수 있게 해주는 것이 그의 꿈이었다고 한다.

한편의 드라마 같기도 하다. 넘어지면 다시 일어서고, 넘어지면 다시 일어서고. 그의 성공은 실패할 때마다 다시 실행의 끈을 놓지 않았기 때문이다. 현재 미국에 두 곳, 파리, 도쿄, 홍콩, 상하이에 디즈니랜드가 있다. 그의 어린 마음의 작았던 꿈이 현실화 되어, 전 세계 곳곳의 어린이들에겐 꿈의 디즈니랜드로 형상화 된 것이다. 그의 꿈의 확장도 처음엔 '5초 실행'으로 비롯되어진 것이다. 좌절의 쓴 맛을 수없이 맛보았던 그의 성공은 실패를 실패로만 받아들이지 않고, 다시 시작할 수 있는 계기로 만들어 실행을 했기에 오늘날의 디즈니랜드가 탄생할 수 있었던 것이다.

Chapter **02**

청춘,
기적의 '5초 실행' 솔루션

등고자비[登高自卑]
높은 곳에 오르려면 낮에 곳에서부터 출발해야 한다.

중용 제 15장

천리 길도 한 걸음부터....

노자

[1]
'5초 실행'의 맛으로
가볍게 시동 건다

Just Do it.
일단 해봐!

나이키 광고 슬로건

1, 2, 3, 4, 5……

정말 눈 깜짝 할 사이다. 그 5초 만에 무엇을 할 수 있을까?

하품 한번 하는데도, TV채널 돌리는데도 아마 5초는 걸릴 것이다. 사실 이 초 단위 시간은 그다지 우리 생활 깊숙이 와 닿아 있지 않다. 헤아리기엔 너무 짧기 때문일 것이다.

우리는 때때로 올림픽이나 아시안게임같이 큰 행사에 100m

달리기나 수영 등 초 단위를 다투며 경기하는 과정을 볼 때가 있다. 경기 도중의 긴장된 순간 속에선 그 1초의 위력은 실로 대단하다. 좀 과장해서 말해보자면, '1초가 그렇게 길었나?' 싶을 정도로 그때만큼은 1초가 그렇게 짧지 않다는 것을 느껴본 적이 있을 것이다. 지켜보고 있는 우리도 그런데, 하물며 선수 당사자들은 1초의 중요성을 얼마나 절실히 느끼겠는가. 우리는 실제 당사자가 아니어서 피부 속 깊숙이 느끼지 못하지만, 선수들 대부분은 초단위의 시간에 굉장히 민감해하며 그 중요성은 말하지 않아도 알고 있다.

1초만으로도 승자와 패자의 갈림길이 정해지는 냉혹한 스포츠의 세계에만 초단위의 시간이 중요할까? 아니다. 우리가 초단위 시간의 중요성을 인식하기 시작만 한다면, 이 초 단위의 시간은 충분히 활용할 수 있는 시간임에는 틀림없다. 게다가 1초가 5번 모여 형성된 5초란 시간은 우리가 뭘 하기에는 충분한 시간이라고 분명히 말 할 수 있다. 결코 5초란 시간은 짧지 않은 시간이다.

3년 전, 친구가 교통사고로 응급실에 실려 갔던 적이 있다. 응급실은 정말 위급한 환자들로 차고 넘쳤다. 위중한 환자부터 의사의 진료를 먼저 받을 수 있었고, 불행 중 다행 인지는 모르겠으나, 경상이었던 친구는 마냥 다음 순번을 기다려야만 했다. 원치는 않았지만 응급실의 상황을 자연스레 보게 되었다.

안타깝지만 당시 하늘나라로 가신분도 있었고, 친구를 포함하여 경상인 사람도 더러 있었다.

정말로 촌각을 다투는 굉장히 중요한 순간들 이었다. 그래서 사람을 살릴 수 있는 그 시간을 골든타임이라고 하는 가 보다. 이처럼 사람의 목숨을 살리고 죽이고 하는 데는 1분, 아니 1초의 시간도 정말 중요하다. 그때만큼은 이 5초의 시간도 엄청난 마력의 힘을 가지고 있다.

우리가 환자의 가족이라 치면 그 누구보다 1초의 시간을 기대하게 되고, 또 1초의 시간도 감사히 여기며 기도하게 된다. 하지만, 우리는 평소 촌각을 다투는 상황에 맞닥뜨리게 되는 경우가 많지 않다. 그 상황의 경험자 역시도 당시에는 1초의 중요성을 누구보다 잘 알지만, 일상으로 돌아오면 또 1초, 1분, 아니 1시간의 시간조차도 아무 생각 없이 무의미하게 살게 된다.

SOLUTION 1 지금 당장 일어서자.

5초란 시간! 누구나 쉽게 인식조차 하지 못하고 그냥 흘려보내는 경우가 대부분이다. 하지만, 어떤 일을 시작하려고 할 때 이 5초란 시간은 결코 짧은 시간이 아니다.

쉽게 말해 앉아 있다가 물을 한잔 마시러 가려고 할 때에도 자리에서 먼저 일어나야 한다. 물론, 이 상황은 어떠한 결심에 의해서 움직여지지 않는 몸을 나의 의지로 억지로 끌어올려 일어나게 만든 것은 아니다. 그냥 자연스럽게 본능에 의해 몸이 원하는 대로 행동한 것이다. 여기서 물을 마시기 위해 일어난 것은 행동(行動)을 한 것이지, 실행(實行)을 한 것은 아니다. 굳이 말장난을 하고 싶어서가 아니다. 행동이란 말 그대로 동작을 행한 것이고, 실행은 실제로 행동을 한 것이다. 거의 같은 뜻으로 보이나 행동은 가다, 보다와 같은 어떤 동작을 묘사한 것뿐이고, 실행은 어떤 일을 함에 있어 의지를 가지고 실제로 행함을 뜻한다. 차이는 분명히 있다. 그 차이점은 내가 어떤 일이나 목표를 이루려고 할 때에 이 '실행'의 중요성은 더욱 빛을 발한다.

앞으로 그저 무의미하게 행동만을 할 것인가? 아니면 실행을 할 것인가? 그것은 오롯이 여러분의 몫이다. 여러분의 의지의 문제이기도 하다. 의지는 항상 있지만, 몸이 따라와 주지 않는다고만 말 할 텐가? 사실 그것이 문제다. 머릿속으로는 그 어느 혁명가보다도 발전적인 생각과 미래에 대한 청사진을 그리고 있지만, 아무것도 되는 것이 없다한다. 그것은 머리 따로 몸 따로, 생각과 그저 행동을 따로 했기 때문이다. 이제는 '5초 실행'을 염두하고 생각에 의한 실행을 해야만 한다.

'성실하게 열심히 거의 하루 20시간 이상을 일에 몰두하는 농부는 모두 부자다.' 이 말에 100% 동의할 수 있는가? 나는 농부의 삶을 비하하려는 것이 결코 아니다. 옛 속담이나 우리가 늘 알고 있는 당연한 이치의 논리에 조금은 비약적인 가정을 그저 해 본 것이다. 그 이치에 비추어보면 농부들은 모두 부자여야만 한다. 그렇지만, 실상은 오히려 그 반대다. 천재지변이나, 날씨 등의 이유로 풍년이 아닌 흉작이 올 수도 있고, 때론 생산량이 많다고는 하나 시기적으로 그 농부뿐만이 아닌 전체 농가의 과도한 공급량에 의해 제값을 쳐 받지 못하는 경우도 허다하다. 그래서 울며 겨자 먹기로 헐값에 내다 판다. 내가 말하고 싶은 것은 농부가 감내해야 하는 노동력과 생상성에 비해 돌아오는 수고는 그에 비해 결코 비례하지 않는다는 것이다.

농부는 성실하다. 우리도 그 농부의 성실함을 배워야 한다. 하지만 성실함을 필두로 행한 맹목적인 행동은 원하는 만큼의 보상을 결코 가져다 줄 수 없다. 실행을 하자. 생각에 의한 실행을 하자.

요즘의 청춘들은 많이 고민하고, 생각하고, 방황한다. 이 사회가 청춘에게 너무 많은 것을 요구하고 있어서일지도 모른다. 청춘은 이 사회가 요구하는 사회적 잣대에 맞추다보니 더 힘들게만 느껴진다. 너무 힘들어 아무것도 할 힘도 없고, 그저 머릿속으로만 미래에 대해 걱정만 하고 또 계획만 한다. 하루에도 열 번, 백번 수정, 변경만 할 뿐이다.

나는 현재까지 살아오면서 시행착오도 있었지만, 이 '5초 실행'으로 많은 부분에서 성취를 맛보았다. 5초라는 시간을 너무 쉽게 간과해서는 절대 안 된다. 내 실행의 시발점은 이 '5초 실행'으로부터 시작된다. 이제는 '5초 실행'이 내 삶의 전부가 되었다. 어떤 일을 하든 '5초 실행'의 일련의 과정을 따르면, 너무나도 쉽게 내가 원하는 일을 이루게 된다. 어떤 행동을 함에 있어서, 의지를 가지고 '5초 실행'을 하는 것과 아무 생각 없이 시작하는 것은 하늘과 땅의 차이라 말 할 수 있다.

주말 아침의 경우, 누구나 일주일의 쌓인 피로를 해소하려는 듯 정오가 될 때까지도 잠자리를 박차고 일어나지 않는다. 그럴 때 이 '5초 실행'의 기적 같은 주문을 외워본다. 어렵게 생각할 것 없다. 그냥 그 자리에서 바로 일어나면 된다. 그리고 그 다음 단계를 되 뇌이고 실행만 하면 된다. 그 뿐이다.

이제는 내 의지를 가지고 주저하지 말고 일어서야 한다. 일어서는 실행을 해야 그 다음 실행이 연결 된다. 그저 소파에 누워 TV채널 이리저리 돌리며 즐겁게 보다가도, '일어나야지... 이러면 안 되는데...'하고 되 뇌이면서도, 하지 않으면 후회 할 것을 알긴 알면서도, 몸이 쉽게 일으켜지지 않는다. 하지만, 저기 머리 한 켠 에선 주파를 자꾸 보내온다. 더 이상 그 '소리 없는 외침'을 외면하지 말자. "지금 당장 일어서자." 5초면 충분하다. 최초 작은 실행부터 시작해야 그다음 중간 실행, 큰 실행까지 연결 될 수 있다. 이제는 "5초에 목숨 걸자." 그래야 지금 당장 일어설 수 있다. 그냥 모든 것을 내려놓은 채 그렇게 있지 말고 당장 일어서는 것부터 시작 해 보자. 일어서기만 하면 그 다음은 자동 실행이 된다.

> Success is achieved and maintained by those who try, and keep trying, for there is nothing to lose by trying and a great deal to gain if successful. by all means TRY! Do it NOW!!
>
> 시도하고 또 시도하는 자만이
> 성공을 쟁취하고 그것을 유지한다.
> 시도해본다고 잃을 것은 없으며,
> 성공하면 커다란 수확을 얻게 된다.
> 그러니 일단 해보라! 망설이지 말고 지금 당장!!!
>
> **미국의 사업가, 자기계발서 저자, W. 클레멘트 스톤**

시도해본다고 손해 볼 것 없다. 일단 해보는 것이다. 여러분의 시도 옆에는 이 '5초 실행'이 나서서 도와 줄 것이다. 우선, "지금 당장 일어서자!"

[2]
못할 것 같은 일의
출발선에 선다

Well bigun is half done.
'시작이 반이다'

아리스토 텔레스

'9초 58'의 시간.

2009년 8월 16일, 독일 베를린에서 열린 제12회 세계 육상 선수권 대회 100미터부문 달리기에서 번개라고도 불리는 자메이카 선수, 우사인 볼트가 이뤄낸 세계 신기록이다. 9초 58에 100미터를 갈 수 있다하니, 그렇다면 우사인 볼트는 5초에 50미터를 달린 셈이다. 정말 대단하지 않은가? 아직도 '5초'란 시간이 짧은 시간이라고 푸념만 할 수 있을까? 5초 동안 50미터를 달린 우사인 볼트에 비하면, 5초 동안 발을 내딛는 것은 식은 죽 먹기나 다름없다. 아니, 5초란 시간. 너무 길게 느껴지지 않는가?

SOLUTION 2 지금 당장 발을 내딛자.

지금 당장 발을 내딛자!

앉아 있든 누워 있든 발을 움직이기 까지 5초면 충분하다. 내 발이 움직여야 내가 원하는 곳에 다다를 수 있고, 내가 하고자 하는 일도 시작 할 수 있다. 발을 내딛는 시작이야말로 1차적 '실행'이라고 할 수 있다. 더 이상 머릿속으로만 생각해서는 안 된다. 가령, 책을 읽으려고 할 때도 발을 내딛어서 책장 앞까지 가야 책의 제목을 살피고, 책을 펼쳐 들게 된다.

발의 사전적 의미를 찾아보면 '서 있거나 걸을 때 몸을 지탱해주는 신체기관으로 바닥에 닿는 편평한 판처럼 생겼다. 이동과 관련된 중요한 역할을 한다.'고 나와 있다. 물리적인 중요성을 말해주고 있다. 이렇게 발은 물리적으로 우리 일상생활에, 하물며 소소한 행동을 하는 데 있어서도 반드시 필요한 신체 중의 하나임에 틀림없다. 더불어 어떤 일을 시작하려고 할 때 '발을 내 딛는다'라는 표현은 물리적 이라기보다는 '시작' 이라는 의미 그 자체를 내포하고 있다. 없어서는 안 될 나의 신체

일부인 발을 내딛어야 만이 나의 게으름을 내안에 상주하지 못하게 할 수 있다. 우선 발로 움직여야 한다.

우선 시작하면 반은 따 놓은 당상이다. 그 시작점은 당신의 발이 터 줄 것이다. 그 한발 내 딛는 게 어려워서 우리는 매번 같은 고민을 하고, 다시 시작해야 하는 수고로움을 반복한다.

> Nothing is as far away as one minute ago.
>
> '일 분 전만큼 먼 시간은 없다.'
>
> **미국 저널리스트 짐 비숍**

우리는 지금 현재 이미 1분전의 시간은 의식하지도 못한 채 그저 흘려보냈다. 아까부터 '발을 내딛어야지.' 생각만 하고 있던 시간은 그렇게 금방 흘러가 버렸다. 5초면 실행 할 수 있는 것을.... 1분, 1시간, 10시간... 그렇게 그 많은 시간들은 이미 과거가 되고 있다. 5초면 시작할 수 있고, 그 실행이 또 다른 실행 할 거리를 연달아 물고 온다.

직장을 다녔던 2005년 6월, 내 나이 32세, 뒤늦게 영국으로 어학연수의 길에 올랐다. 그 이면에는 굉장히 많은 고민들이 있었고, 이러한 선택이 맞는지 의심도 있었다. 주위의 많은 사람들은 '이제 결혼해서 정착할 나이에 무슨 유학이니?' 하며 한사코 말리면서 걱정을 해 주셨다. 그러나 그런 조언은 보탬은커녕, 당시 내겐 더 힘든 결정일 뿐이었다. 하지만, 공항으로 향하는 나의 5초 '발 내딛음'이 없었다면, 그런 시작이 없었다면, 내 인생 중 너무나도 흥미롭고 멋진 새로운 세상을 맛보는 일은 결코 없었을 것이다.

직장생활과 학업을 병행한 늦깎이 대학생으로 부모님께 손을 벌릴 수 있는 나이가 아니었기에, 버는 족족 학비를 내왔었고, 졸업하고 고작 1년 동안 일해서 모은 돈이 내 수중의 전부였다. 조금은 무모해 보일지도 모르겠지만, 넉넉지 않은 나의 유학자금을 핑계로 더 이상 나의 꿈을 미룰 수가 없었다. 영국에서 어떤 일이든 닥치는 대로 할 각오로 무작정 출발했다. 내 수중엔 겨우 영국에서 6개월 정도 살 수 있는 돈이 전부였기에, 돈이 떨어지는 6개월이 지나기 전에 일자리도 구해야 하고, 또 일을 하기 위해선, 영어회화도 하루빨리 익혀야 했다. 그러한 상황을 될 대로 되라 생각한 채 영국에 가면 어떻게든 되겠지 하는 생각으로 나는 그냥 영국을 향하여 발을 내딛었다. 겨우 영어 단어 몇 개로 나의 의사정도만 표현할 정도였던 나는 참, 무식하고 용감했다. 이렇게 발부터 내딛게 되면, 뭐가 되던 하게 되어 있다. 발 내딛는 것을 두려워해서는 안 된다.

우선 '5초 실행'부터 시작하자. 실행하게 되면 '용기'를 갖게 되고 그것이 더 큰 실행으로 이어지게 된다.

서 있으면 앉고 싶고, 앉으면 눕고 싶은 것이 사람 심리다. '발', '다리'가 우리 육체의 모든 무게를 감당하고 있기에 장시간서 있으면 다리로 오는 피로감이 상당하기 때문이다. 나는 많은 시간을 앉아서 일하는 반면 서서도 일을 한다. 모든 것에는 일장일단이 있듯이, 이것 역시 장, 단점이 있다. 단적으로 봤을 때는 앉아서 하는 일은 편하고, 서서 하는 일은 육체적으로 좀 피곤하다. 그러나 앉아서 하는 일에는 편안함만 있는 것은 아니다. 나름의 후유증이 있다. 서서 하는 일에 비해 긴장감이 떨어져서인지 쉽게 졸리기도 하고, 책상에서 컴퓨터를 많이 사용하는 일인지라 어깨와 목에 많은 무리가 뒤따른다.

사람은 힘들수록 편안한 것을 찾기 마련이고, 그 피로를 해소해 주기 위해서라도 앉거나, 눕는 행동은 반드시 필요한 행동들이다. 그런데 그 편안함을 넘어서 안주함으로 이어지는 경우가 있다. 속된말로 "발을 너무 놀렸기 때문이다." 어느 정도의 휴식을 취한 후에는 다시 발을 내 딛는 과정이 필요하다. 그때 어영부영 하다가 편암함 속에 빠져 쉽게 안주하게 되는 것이다. 이럴 때 필요한 것이 '5초 발 내딛기' 다. 너무 오랜 휴식으로 편안함에 빠져 있다가는 몸마저 비대해져 발 내딛기가 점점 힘들어지는 수도 있다. 그러다보면, 내 몸은 어느새 그것에 익숙해져서, 발 내 딛는 것 자체를 잊어버릴 수도 있다. 심지어 어떻게 발을 내딛는지 조차 잊게 될 수 있다는 것을 명심해야 한다. 몸이, 내 발이 먼저 움직여야 한다.

1차로 '5초 일어나기'후 바로 발을 내딛게 되면 무언가는 하게 되어 있다. 의식적으로라도 '5초 실행'을 여러분의 뇌 속에 자꾸 되 뇌이자. 장시간 '5초 실행'을 반복해서 되 뇌이고 실행하다 보면, 5초 실행은 자신의 삶에 일부분이 되어 있을 것이다.

> 쉬워 보이는 일도 해보면 어렵다.
> 못할 것 같은 일도 시작해 놓으면 이루어진다.
>
> **채근담**

일단 시작이 중요하다. 쉬워 보여서 시작할 수 있고, 어려워 보여서 시작할 수 없는 것은 없다. '5초 발 내딛기' 실행으로 시작하는 것이다. 비록 결과가 성공일 수 도 있고 실패 일 수도 있지만, 그것은 그렇게 중요하지 않다. 실패하면 실패 속에서 또 다른 배움이 있으니까. 성공하면 그 성취감에 또 다른 '5초 발 내딛기'를 다시 시작하면 되는 것이다. 그렇게 '5초 발 내딛기' 실행이 반복 될수록 못할 것 같은 일도 시작해 놓으면 이루어지는 꿀맛 같은 성공의 맛을 보게 될 수 있는 것이다.

[3]
박수 받을만한
진정한 실행을 시작한다

If you want a thing done well, do it yourself.
어떤 일이 잘 되길 바란다면, 그것을 직접 하라.

나폴레옹

　　요즘 참으로 편한 세상이 되었다. 좀 과장해서 말하자면, 손 하나만 까딱하면 뭐든 다 되는 세상이다. 추운 겨울 귀가 전 휴대폰으로 집에 있는 보일러를 손 하나만으로도 까딱해서 켤 수 있는 세상인 것이다. 그리고 집에 도착하면 아무도 없는 집이지만, 따뜻하게 데워진 집이 나를 반겨준다. 불과 10여 년 전만 해도 상상조차 할 수 없는 일이었다. 그만큼 현대산업의 첨단화가 되면서 굳이 내발을, 나의 수고로움을 요하지 않고도 할 수 있는 것들이 많아졌다. 하물며 배달음식도 기본적으로 전화

해야만 받을 수 있었던 서비스가 이제는 스마트폰을 통해 언제 어디서든 굳이 전화 통화를 하지 않고서도 손 하나만 까딱해서 내가 원하는 장소에서 서비스 받을 수 있는 세상이 되었다. 장보기도 많이 수월해졌다. 옛날엔 시장엘 반드시 가야만 물건을 사올 수 있었지만, 이 역시 인터넷에서 제품을 고른 후, 손 하나만 까딱하면 원하는 날 정해진 시간에 내 집에서 받을 수 있는 편한 세상이 되었다.

그렇다. 우린 이제 누군가의 노력과 수고로 만들어진 첨단화된 세상을 단 손가락 하나만 까딱해서 아주 편안한 생활을 누릴 수 있게 되었다. 누군가의 피와 땀으로 일궈낸 성과들을 우리는 이제 그저 즐기기만 하면 된다는 것이다. 그렇다면 최소한 나도 다른 사람을 위해서도 아닌 나를 위해서 나의 손 정도는 움직여 주는 것이 나에 대한 기본적인 예의가 아닐까?

떠 주는 밥만 받아먹기에는 어찌 온전히 그 밥이 다 내입으로 들어 올 수 있기를 바랄 수 있을까? 떠 주는 밥을 받아먹는 사람은 아기이거나 몸이 불편한 환자나 장애인을 포함하여 어른신이 대부분이다. 대게 떠 주는 밥은 주는 사람 취향의 반찬들을 주로 집어서 상대방 입으로 넣어주는 것이 대부분이다. 하지만, 내가 먹고 싶은 반찬을 내 손으로 직접 고르고, 집어 먹어야만 그때서야 만족스러운 식사를 할 수 있을 것이다. 그리고 그것이 몸이 불편하지 않은 이상 내가 마땅히 해야 할 기본적인 일이기도 하다. 그런데 요즘 몇몇 젊은 청춘들은 잘 차려진 밥상까지 내어 주어도 제대로 취식을 하지 못하는 경우가 있다. 그것은 이 사회가 원하는 모범생의 기준으로 정해진 틀안에서 어려서부터 길들여져 왔기 때문일 수도 있다. 마치 오랫동안 4지선다형의 객관식 문제와 획일화된 교육방식에 익숙해져서, 엄마가 떠주는 밥에만 익숙해져서, 오히려 남이 잘 차려놓은 밥상에는 의심 아닌 의심과 확신도 없기에 선뜻 취식을 못하는 것이다. 낯선 경험에 익숙하지 않아 선뜻 용기를 내기가 힘들어 더더욱 쉽게 수저조차 들 수 없는 것이다.

SOLUTION 3 지금 당장 손을 움직이자.

내 인생이다. 누구도 살아 줄 수 없는 내 인생인 것이다. 사실 알면서도 그게 잘 안 되는 것이 사람이고, 인간이라고 한다지만, 그것은 머릿속으로만 항상 생각하기 때문이다. 정 힘들다면, 그냥 아무 생각 없이 '5초 실행'을 행한다. 일단 일어난다. 그리고 발을 내딛었으면 그다음은 하고자 하는 일에 바로 손을 대는 것이다. 그러면 된다. 결코 어렵지 않다. 머릿속으로만 생각하고 '해야지...해야지...'한다는 것은 그것을 당장 실행할 의지가 없다는 것이다. 반면, 그 자리에서 바로 털고 일어나면 당장 실행으로 이어진다. 선 실행이다. 다만, 어떤 도전을 할 때, 머릿속에 큰 목표와 함께 구체화된 목표가 자리 잡혀 있다면, 몸으로 실행하기가 조금은 더 수월해질 수 있다. 그것은 동기부여가 확실하기 때문이다.

우리나라에는 '손'과 관련된 관용구들이 유난히 많다. 예를 들면, '손에 익다.', '손에 붙다.', '손에 잡히다.', '손을 놓다.' 등의 표현들이 있는데, 대부분이 '일'과 관련한 표현들이다. 손은 그만큼 일을 바로 실행할 수 있는, 말하자면 인간에게 최초의 도구이자 최고의 도구인 셈이다.

옛말에 '손 안대고 코푼다.'라는 속담이 있다. 그 의미는 손조차 사용하지 아니하고 코를 푼다는 뜻으로, 일을 힘 안 들이고 아주 쉽게 해치움을 비유적으로 이르는 말이다. 그만큼 힘 안 들이고 쉽게 해치웠다는 것을 강조하기 위해서 그런 속담이 만들어졌겠지만, 실상은 손 안대고 어떻게 코를 풀 수 있겠는가? 사실 그건 불가능한 일이다. 힘 안 들이고 아주 쉽게 해치울 수 있는 일이 있지도 않겠지만, 일을 함에 있어서도 손 안대고 코 풀 생각을 절대 해서는 안 되는 것이다. 당장 어떤 작은 일을 하고자 할 때에도 내가 스스로 의지를 가지고 일어서고, 발을 내딛고, 손을 움직여야 하거늘, 큰 뜻을 품었다면 더더욱 누군가 해주길 바라는 그런 안일한 생각과 행동은 절대 해서는 안 될 일이다. 허나 처음부터 겁먹을 필요는 없다. 그저 '5초 실행' 으로 손부터 움직이는 실행부터 시작하면 되는 것이다.

> To move the world, we must first move ourselves.
>
> 세상을 움직이려면 먼저 나 자신을 움직여야 한다.
>
> **소크라테스**

여러분 모두 벼락치기 시험공부의 추억은 한번쯤 다 있을 것이다. 나 역시 학창시절 벼락치기 시험공부를 해서 시험을 본 적이 있다. 정말 열심히 공부했다고 생각했다. 그리고 성적이 잘 나오길 두 손 모아 기도했다. 그러나 결과는 어김없이 나의 기대와는 달리 형편없었다. 반면, 시간의 간격을 두고 미리 평소에 복습해 온 경우도 있다. 그리고 시험 볼 때가 되었을 때는 평소 복습하면서 중요했던 부분들을 다시 한 번 공부하고 나서 시험을 보았다. 그 결과는 내가 굳이 말하지 않아도 여러분은 두 경우의 차이점을 알 것이다. 벼락치기야말로 어찌 보면 '손 안대고 코 풀기'한 경우라고 볼 수 있다. 물론, 때때로 운이라는 것이 작용하여 좋은 결과를 가져올 때도 있지만, 매번 운이 작용할 수는 없다. 손으로 책장이라도 열심히 자주 넘겨야 많이 보게 되고, 익히고 그로인해 좋은 결과가 온다는 것은 누구나 알 것이다. 힘든 땀의 결과가 좋은 열매를 맺을 수 있다는 것은 자명한 사실이다.

이유여하를 막론하고 손조차 움직이지 않은 사람에 비해 손을 움직인 사람은 충분히 박수 받을 만하다. 어쨌든 실행을 한 것이기 때문이다. 그것 자체가 도전이고 시도이기에 말이다. 다만, 기왕 손을 댔으면 거기에다 자신의 의지를 첨가해주면 더할 나위 없이 이상적인 것이다. '지금 당장 손을 움직여라.' 그러면 다음의 실행으로 자연스럽게 연결되어 질 것이다. 5초만 투자하자. 하루 24시간, 분으로 환산히면 1,440분, 초로 환산하면 86,400초다. 그 중 5초 투자 그렇게 어렵지 않다. 움직일 마음만 있다면, 5초 투자 충분히 할 수 있다. 그 5초 투자가 당신이 생각하는 것보다 훨씬 더 많은 성과를 당신에게 가져다 줄 수 있다는 사실을 명심하자.

[4]
버려야 할 것과 취해야 할 것의
인식으로 정점을 달린다

메모는 돈이다. 메모가 그대를 자유롭게 한다. 이 세상에 메모가 필요 없는 사람은 비서를 두고 있는 사람과 오늘 할 일을 내일로 미루어도 상관없는 사람뿐이다.

〈메모의 기술〉 사카도 켄지

산업화 이후, 컴퓨터의 등장으로 공장의 자동화부터해서 여러 방면의 컴퓨터 도입으로 인간의 노동력은 놀라울 정도로 많이 축소화 되었다. 그 후, PC(Personal Computer), 개인용 컴퓨터의 확산으로 회사에서 뿐만 아니라, 집에서까지 현재 우리는 컴퓨터 없는 삶은 상상조차 할 수 없다. "오늘 여러분은 펜을 몇 번이나 잡았나요?" 회사 업무를 함에 있어서도, 학교에 제출하는 레포트에서도, 컴퓨터를 통해 깔끔하게 규격화되어 출력되어진 보고서는 더 이상 당신이 직접 쓴 글을 원하지 않는다. 그렇다면 언제 내 손으로 직접 쓴 글을 마주 할 수 있을까? 고작해야 회의시간에 긁적거리는 몇 글자들? 그래도 강의를 듣는 학생들은 펜을 접하는 시간이 직장인들에 비해 많다. 그나마 조금 더 펜을 자주 쥐는 사람들은 하루를 마감하는 다이어리에서 일 것이다.

작가들도 예전에는 그야말로 두툼한 원고지 한 뭉치 잡고서 집필을 하곤 했지만, 요즘에는 보관과 편집이 용이한 컴퓨터를 이용해서 글을 쓰는 분들이 대부분이다. 물론, 여전히 원고지를 고수하는 분들도 계시지만 말이다. 요즘 느끼는 것 중에 하나가, 예전에 비해 글씨를 점점 더 못써진다는 것이다. 어렸을 적부터 기본 글쓰기 습관이 잘 못 된 것 일수도 있겠지만, 글씨는 쓰지 않으면 않을수록 글씨 모양도 삐뚤빼뚤 제각각 못난이 글쓰기가 되어버린다. 게다가 편히 글 쓰기위해 많은 힘을 가하지 않아도 부드럽게 써지는 다양한 볼펜들의 등장으로, 의도하지 않게 펜이 굴러가는 대로 편히 쓰다 보니, 글씨모양이 더 볼품없다.

물론, 글을 예쁘게 쓰는 것이 중요한 것은 아니다. 글은 쓸 줄만 알면 된다. 기왕 모양도 예쁘면 더 좋겠지만 말이다. 펜을 잡는 시간을 많이 가지는 것이 좋다. 이것저것 아무것이라도 긁적이는 습관을 만드는 것부터 시작해보자. 펜 잡는데 1초면 충분하다. 5초도 채 안 걸린다. 머릿속에 있는 것을 그냥 머리에만 담아두지 말고, 글로 표출하는 실행을 하라는 것이다. 크고 거창한 계획을 세우라는 것도 아니고, 일상생활의 메모화하는 습관을 말하는 것이다. 그러다보면 때론 머릿속에 복잡하게 떠돌고 있던 것들을 하나, 둘 삭제할 수 있게 된다. 그러면 머릿속은 더 명쾌해지고, 내가 진정 취해야할 것, 즉 지금 내게 필요한 것에 오롯이 집중할 수 있게 되는 것이다.

SOLUTION 4 지금 당장 펜을 쥐자.

성공하고 싶다면 펜을 쥐자! 펜을 쥐기까지 '5초'면 충분하다. 펜을 쥐는 일이 그렇게 어려운 일일까? 누구나, 하다못해 말 못하는, 이제 겨우 기어 다니는 아기도 펜은 쥘 수 있다. 이것마저 아직도 머릿속으로만 생각하고 미룰 것인가?

여기서 펜을 쥐라는 것은 학교 다닐 때처럼 펜을 들고 공부하라는 것이 아니다. 나와의 대화 시간을 가져보라는 것이다. 하루 중 내속 내면과의 대화는 얼마나 하고 있는가? 아니 하루가 아니라, 한 달에 몇 번이나 하고 있는가? 내면과의 대화라고 해서 거창하게 생각할 필요는 없다. 쉽게 생각하면 '일기' 정도라고 생각하면 좋을 것이다. 일기가 부담스럽게 느껴진다면, 단세 줄이라도 써보자.

우선 노트를 펴고 펜을 잡기만 하면 뭐든 나와 관련된 생각들을 하나하나 써 내려 가는 것은 그리 어려운 일이 아닐 것이다. 굳이 처음부터 심각하게 자신을 비관하고 책망하는 글을 쓰라는 것도 아니고, 그렇다고 원대한 목표를 적으라는 것도 아니다. 그저 요즘 내 일상에서 일어나고 있는 일들을 어떤 틀에 얽매이지 말고 편안하게 써 내려 가는 것이다. 이러한 일상에서의 일들을 써 내려 가다보면 좀 더 내안의 내면이 원하는 것도 적을 수 있게 되고, 내가 뭘 정확히 원하는지도 조금씩은 알아가기 수월해 질 것이다. 더불어 내가 원하는 것을 차차 알아가게 되면 하고자 하는 것들이 하나 둘씩 생기기 시작할 것이다. 그것들을 그냥 편하게 나열하는 습관을 가져보자는 것이다.

나에겐 여러 권의 일기장이 있다. 중학교 때부터 지금에 이르기까지. 물론, 하루도 빠짐없이 일기를 쓴 것은 아니다. 시간이 날 때, 아니 시간이 날 때라기보다, 나의 신상에 어떤 일이 생겼을 때라고 하는 것이 더 맞는 표현인 것 같다. 기쁜 일, 슬픈 일들이 고스란히 베인 일기장이다. 기쁜 일을 글로 옮길 때는 그 기쁨을 글을 쓰면서 만끽할 수 있었고, 슬픈 일을 글로 옮길 때는, 나도 모르게 쓰면서 스스로 치유가 되는 것을 느꼈다. 친구와 싸웠을 때나, 집안에 안 좋은 일이 있었을 때나, 쓰면서 감정의 치유와 함께 때로는 해결책도 얻을 수 있었다. 요즘은 남편과의 싸움이 있을 때마다 글로 써보는 시간을 가짐으로서, 나의 잘못을 발견할 때가 종종 있다. 감정만을 내세워 자기주장의 옳음을 피력할 때는 상대방의 의견은 절대 나의 귀에 들어오지 않을 때가 더 많다. 하지만, 글로 쓰다보면, 상대방의 입장을 헤아릴 수 있을 때가 많다. 나의 잘못의 발견과 함께 말이다. 그러면 상대방에게 화해의 손길도 먼저 내밀 수 있고, 때론, 그마저도 힘들다 싶으면 나는 편지를 쓰곤 한다. 개인적으로 편지 쓰는 것을 권하고 싶다. 생각을 생각만으로 머물게 하는 것보다, 글로 표출할 때, 더욱 이성적인 생각을 가질 수 있는 성숙함을 기를 수 있기 때문이다.

> 글을 쓸 때 중요한 것은 나 자신을 믿으라고
> 무언가가 이뤄질 거라고 자기최면을 거는 것이다.
> **미국의 소설가 앤 라모트**

나는 여러분이 누군가에게 보여주는 글을 쓰라는 것이 아니다. 누군가에게 보여주기 위해 글 쓰는 사람은 작가다. 단지 머릿속으로만 백만 개의 생각을 갖고 있는 것과 그것을 직접 종이 위에 써보는 것은 하늘과 땅의 차이만큼 크다는 것을 느껴보라 말하고 싶은 것이다. 되고 싶고 원하는 것을 종이에 써서 가시화 한 후, 그것을 매일 들여다보면 그것은 마침내 내 머릿속에 각인이 되어 비로소 실행으로 옮기게 되는 것이다. 그러다보면 여러분도 작가처럼 책을 쓸 수 있는 날도 머지않아 올 수 있지 않을까? 이처럼 글 쓰는 것, 특히 내속의 내면과의 대화는 반드시 해야 하는 일이다. 처음의 시작은 펜을 잡고 그냥 의미 없는 글이라도 써내려 가는 것이다.

펜을 잡고 글을 쓰다보면 또 놀라운 일을 발견하게 될 것이다. 문장력이 일취월장하여 작가로 바로 등단할 수 있는 그런 일까지는 아니어도, 내속과 대화하는 글을 쓰다보면 그동안 응어리졌던 일들에 대해서도 조금 누그러워 질 수 있으며 심리적으로 편안함까지도 느낄 수 있다. 당신을 힘들게 하는 고민에 대해서도, 심지어 인간관계에 대해서도 말이다. 내 속의 체기처럼 막혀있던 돌덩이들을 글로써 하나하나 풀어내서 치유하게 되는 셈이다. 한마디로 글로 '힐링'이 된다.

> Every patient carries her or his own doctor inside.
>
> 모든 환자의 내면에는 자신만의 의사가 있다.
>
> **인류애를 실천한 의사/사상가/신학자/음악가, 알버트 슈바이처**

내면과의 대화, 즉 글쓰기와 더불어 중요한 것은 평소 메모하는 습관이다. 요즘은 전자 통신기기에 메모의 기능이 탑재되어 있어서 활용하기에 참 편하고 좋다. 나는 개인적으로 펜을 들고 직접 쓰는 것을 선호한다. 하지만 반드시 펜을 잡고 종이 위가 아니어도 상관없다. 상황이 여의치 않을 때는 스마트폰을 이용하는 것도 좋다. 메모를 통해 머릿속에 얽혀있는 것들을 좀 정리하는데 수월해 질 수 있기 때문이다. 가능하다면 손으로 쓰는 것을 추천한다. 쓰면서 머릿속으로 정리할 수 있으며, 눈으로 보고 다시 한 번 각인이 된다. 또한 손을 자주 써야 뇌도 좋아진다는 말이 있어서이다.

아침에 일어나서 그날의 해야 할 일을 계획하는 메모부터 시작해서, 확인해야 할 일, 좋은 글귀, 새로 알게 된 좋은 정보자료, 사야할 것 리스트까지 우리 일상생활 속 메모 할 일들은 참으로 많다. 메모 속에서 버려야 할 것과 취해야 할 것들이 추려지게 되며, 나의 에너지를 좀 더 효과적으로 취해야 할 것에만 집중해서 쓸 수 있다.

> 위대한 사람의 특징 중 하나는 메모광이라는 것이다. 고 이병철 회장도 메모광이었다. 그는 떠오른 구상, 전문가의 조언, 해야 할 일 등을 언제나 메모로 정리했다. 아침 6시에 일어나 목욕을 한 후 그가 가장 먼저 하는 일은 언제나 메모였다.
>
> 〈한근태의 인생 참고서〉, 한근태

이래도 펜을 쥐지 않을 것인가? 5초면 충분하다. 지금 당장 펜을 잡자. 그리고 뭐든 좋다. 그냥 써내려 가는 것이다. 메모든 내속 안의 얘기든... 펜을 쥔 당신은 이미 훌륭한 사람이다. 펜조차 쥐지 않은 사람보다는 무엇인가 새로운 습관에 도전하는 사람이니까 말이다.

[**5**]

세기의 현인들과 대화로
내 삶을 완성한다

'좋은 책을 읽는다는 것은 지난 몇 세기에 걸쳐 가장 훌륭한 사람들과 대화하는 것과 같다.
데카르트

　우리는 하루 24시간을 살고 있다. 분으로 환산하면 1,440분, 초로 환산하면 86,400초다. 실로 엄청난 숫자다. 대부분의 사람들은 시, 분 단위 시간에 대해서는 나름 중요성을 인식하며 체감하면서 살고 있다. 그렇다면 초 단위의 시간에 대해서는 어떻게 생각할까?

　우리는 살면서 "몇 시야? 몇 분 이야?"라고 질문도 많이 하고 궁금해 하기도 한다. 하지만 "몇 초야?" 라고 묻지도 않으며 이미 묻는 순간에도 수초가 지나가는 바람에 초 단위의 시간을 묻고 말하는 것은 그렇게 큰 의미가 없는 것이 사실이다. 이렇듯 시간이나 분 단위의 시간에 비해 초 단위의 시간은 너무 짧다보니 쉽게 일상생활 속에서 체감하기도 힘들다. 또한 그 짧은 시간에 할 수 있는 일은 그렇게 많지도 않다. 하지만, 조금만 달리 생각해보자. 평범한 사람에겐 1초가 그저 흘러가는 시간 중의 일부일지 모르나, 운동선수나 촌각을 다투는 환자를 생각하면 또 생각이 달라진다. 평소 너무 짧아 간과하기 쉬웠던 초 단위의 시간, 우리도 운동선수, 촌각을 다투는 환자만큼의 절실함을 가져보자. '초'의 시간에도 생산적인 일을 할 수 있다. '5초'는 결코 짧은 시간이 아니다.

제인에어, 폭풍의 언덕, 아그네스 그레이, 이 세 가지 고전에는 공통점이 있다. 이 고전들의 저자 샬럿 브론테, 에밀리 브론테, 앤 브론테가 자매라는 것이다. 정확히 말해서, 세 작가의 아버지(패트릭브론테)가 같은 아버지라는 것이다. 그녀들 자매 셋, 모두 작가가 될 수 있었던 것이 단지 우연의 일치였을까? 그녀들은 가난한 목사의 딸로 태어났으며, 목사인 아버지가 그녀들에게 해줄 수 있는 유일한 것이 있었으니, 그것은 자신의 책장의 책들을 맘껏 읽을 수 있게 하는 것뿐이었다고 한다. 어려서부터 성인이 될 때까지 그녀들이 놀이거리로 할 수 있었던 것은 책읽기뿐이었던 것이다. 아버지 책장의 책을 읽으면서 자연스레 사고의 폭이 넓어졌고, 상상력도 풍부해질 수 있었기에, 그것이 훗날 세 자매 모두 명작을 쓸 수 있었던 직접적인 계기라고 해도 과언이 아닐 것이다. 책이 사람에게 미치는 영향은 그만큼 지대하다. 한 사람의 사고까지 지배할 수 있고, 좌지우지 할 수 있는 것이니 말이다. 그럴수록 다양한 책과의 접촉이 필요하다는 것이다. 본인의 취향만을 고집한다면, 우물 안 개구리가 될 수도 있을 것이기에, 책에 있어서만은 편식은 삼가자.

책을 잡아서 펴는 데 까지 5초가 채 걸리지 않는다. 소크라테스와 대화도 해보고, 공자와 대화도 해보고 싶지 않은가? 그들은 당신에게 두 팔 벌려 환영하며, 책 속으로 들어와 담소라도 나누자고 한다. 그 책을 당장 펴서 공자의 품속으로 들어가 보자. 공자의 말이 너무 어렵다고? 걱정하지 말라. 공자가 아니어도 손 벌리고 기다리고 있는 현인들은 널리고 널려있다. 본인 수준에 맞는, 본인 취향의 담소 나누고 싶은 현인부터 본인이 직접 선택하면 된다.

SOLUTION 5 지금 당장 책을 잡자.

앞서 얘기했다시피 실행을 시작하는 데는 짧은 시간으로도 충분하다. 5초면 된다. "지금 당장 책을 잡자!" 내 눈에 보이는 어떤 책이라도 좋다. 당장 책을 잡으면 책장을 당연히 넘기게 될 것이다. 다만, 얼마의 시간동안 책읽기를 유지하느냐 그것이 관건일 것이다. 단 몇 분이라도 좋다. 우선 실행에 옮기는 것이 중요하다. 책 읽는 시간의 양도 반복된 연습으로 충분히 늘릴 수 있다.

당신은 책을 잡기까지가 힘들어서 그렇지, 책을 한번 잡은 후에는 누구 못지않게 몇 장, 아니 그 이상을 읽어 나가게 될 것이다. 그렇게 어제, 오늘이 쌓여서 일주일이 되고, 한 달이 되고 책 한권 읽는 것은 '식은 죽 먹기'가 될 것이고, 또 다른 책을 잡는 당신을 발견하게 될 것이다.

책을 통해 내 인생의 훌륭한 스승을 만나는 것이다. 최소의 비용으로 최대의 효용 가치를 얻을 수 있다. 언제, 어떻게, 어디서 내가 그 많은 현인들을 면전에서 만나 볼 수 있겠는가? 이것이야말로 책을 통해 내가 직접 경험해보지 못한 것을 간접 체험함으로써 '손 안대고 코를 푼' 격이라고 할 수 있다. 과거 현인들의 삶이나 철학을 통해 새로운 지식을 얻을 수 있고, 그 배움을 통해 나 자신 내면과의 대화를 하게 되고, 생각하는 습관과 사고력의 확장을 가져 올 수 있다. 이런 일련의 과정을 통해 생각의 유연함과 삶의 지혜까지 얻을 수 있는 것이다.

나도 불과 몇 년 전만 해도 책을 그리 많이 읽는 습관을 가진 사람이 아니었다. 다만, 어려서부터 책을 사는 것은 참 좋아했다. 그리고 대부분의 책은 많이 읽어봐야 70% 정도만 읽고 책장에 꽂아 두는 것이 마치 오래된 습관처럼 그렇게 내 몸에 배어 있었다. 하지만, 그 언제부터인가 집중적으로 책을 읽기 시작한 이후로는 책을 읽으면서 내안의 편안함을 느끼기 시작하면서 고지식했던 나의 생각들이 조금씩 유연한 사고방식으로 바뀌어 가고 있음을 느꼈다. 그리고 그냥 책 읽는 시간이 좋아졌다. 좀 과장해서 말하자면, 이제는 왠지 책을 읽지 않으면 불안한 마음마저 들 때가 있다. 여기서 중요한 것은 나의 고지식했던 사고방식들이 유연하게 바뀔 수 있다는 것이다. 어줍지 않게 알고 있었던 나의 생각과 아집들이 잘못되어 있었다는 것을 나 스스로 깨닫게 되었고, 한발 물러서서 생각하는 습관이 생겼다. 더불어 예전에는 어떤 이슈에 맞닥뜨렸을 때 항상 후회와 걱정을 먼저하며, 무조건 잘할 수 있다는 근거 없는 자신감과 생각들로 일단락 지었었지만, 지금은 나의 내면과의 대화를 통해 무엇이 후회를 만들었는지 구체적으로 생각하는 습관과 함께 앞으로 더 잘 할 수 있기 위해 어떤 일들을 해야 하는지 구체적인 목표까지 만들 줄 알게 되었다.

5초면 충분하다. 책을 내 손에 집어 들기까지 5초면 된다. 이렇게 말하면, 어떤 책부터 펴 들어야 될지 난감해 하는 분들이 많다. 하지만, 어떤 책이 중요한 것이 아니다. 5초 실행을 통해 책을 집어 든 나의 변화가 중요한 것이고, 그 집어든 책을 끝까지 완독하고, 다음 책을 또 5초 안에 집어 드는 실행이 중요한 것이다. 그래서 그 실행을 나의 습관으로 만드는 것이 더 중요한 것이다. 실행을 습관으로 만들고 싶다면 '5초 실행' 지금 당장 시작하자.

> 오늘의 나를 있게 한 것은 우리 마을의 도서관이다. 하버드 졸업장보다
> 소중한 것은 바로 독서하는 습관이다.
> **마이크로소프트 CEO 빌 게이츠**

우선, "지금 당장 책부터 잡자!" 잡은 책으로 무엇을 할 수 있을까? 그 다음은 읽는 것만이 남아 있다. 아니, 그저 훌륭한 사람들과 대화를 시작하면 된다. 그뿐이다.

> 책을 읽는다고 생각할 것이 아니라, 저자와 대화를 나눈다고 생각해보라.
> **〈핵심만 골라 읽는 실용독서의 기술〉, 공병호**

Chapter 03

청춘,
'5초 실행'으로 다져진
실행의 근력을 키워라

많이 절망하겠습니다.
많이 좌절하겠습니다.
많이 쓰러지겠습니다.
하지만 절대 포기하지 않겠습니다!

———

영화배우 아놀드 슈왈제네거

이제 실행 워밍업으로 단련된 나의 뇌와 몸으로 기적의 '5초 실행' 단계를 그저 행하면 된다. 그리하여 5초를 넘어 그 이상의 실행에 도전해 보는 것이다. 이미 나의 뇌는 시작에 앞서 걱정만 하던 두려움을 떨친 상태다. 나의 시야에 보이는 곳곳마다 구체저인 목표 설정과 함께 초 긍정의 지세로 '언제든, 무엇이든 할 수 있다.' 라는 생각으로 무장을 해야 한다. 더 이상 나에 대한 불신은 떨쳐 버리고, 강력한 믿음으로, 거듭되는 실패를 두려워하지 않아야 한다.

매일 같은 양의 시간동안 꾸준히 운동을 하면 그에 따른 근육이 자연스레 붙기 마련이다. 한번 생긴 근육은 운동을 잠시 멈췄다고 해서 바로 없어지지는 않는다. 그동안 생긴 근육으로 근력이라는 것이 생겨서이기 때문이기도 하다. 하지만, 한동안 운동을 게을리 하게 되면 몸에 붙었던 근육들은 체감하기도 전에 서서히 소위 물살로 바뀌게 된다. 이와 같이, 운동에만 근력이 있는 것이 아니다. 매일 꾸준하고 반복적인 '5초 실행'의 반복으로 실행의 근력이 생성될 수 있다. 그리하여 처음에는 아주 간단히 해냈던 '5초 실행'을 근간으로 5분, 50분, 5시간, 5일, 5개월, 5년, 아니 그 이상으로 확장해 나갈 수 있다.

매년 새해가 되면 어김없이 새해 결심을 하게 된다. 하지만 작심삼일로 끝나는 경우가 허다하다. 그 실패의 배경에는 의욕만을 앞세워 너무 무리한 계획에만 치중했기 때문이다. 크고 원대한 계획은 최종점이 되어야 할 것이다. 그 최종점에 이르는 소소한 작은 실행단계의 구체적인 계획이 우선시 되어야 한다. 소소한 작은 실행은 처음부터 거부감이 들지 않고 쉽게 해낼 수 있어서 그날그날 단 5초라도 해냈을 때는 그래도 오늘 하루 뭔가 했다고 나 스스로 대견함마저 느껴진다. 그것을 근간으로 '5초 실행'의 지속성을 유지 할 수 있다. 그 지속성으로 실행 근력이 붙게 되는 것이다. 이것이야말로 '5초 실행'의 진정한 목표인 것이다.

[1]
'5초 실행' 그 이상은
욕심 부리지 않는다.

모든 성공한 사람들을 묶어주는 공통점은 결정과 실행사이의 간격을 아주 좁게 유지하는 능력이다.

현대 경영학의 창시자, 피터 드러커

　사람의 욕심은 끝이 없다. 그래서 많은 사람들은 무턱대고 자신의 역량과 무관하게 욕심을 내서 원대한 꿈과 계획을 세운다. 물론, 꿈과 계획을 세우지 않는 사람들보다는 나은 편이다. 어렸을 때부터 우리는 "모름지기 꿈이 커야지!"라는 말을 듣고 자랐다. 이렇듯, 어려서부터 너무 원대한 꿈과 계획만을 앞세웠기에, 실패하는 경우도 허다했다. 원대한 꿈은 누구나 가질 수 있고, 누구나 꿈 꿀 수 있다. 입으로만 말하는 원대한 꿈, 머릿속으로만 생각하는 원대한 꿈인 것이다. 하지만, 그 꿈을 이루기 위해서는 반드시 필요한 것이 있다. 바로 '5초 실행'이다.

　작지만 구체적이고 세부적으로 해야 할 것들을 어려서부터 착실히 실행해 오지 않았다면, 어렸을 때 꾸었던 원대한 꿈을 성인이 되어 이루기란 결코 쉽지 않다. 그저 꿈을 적은 종이는 휴지조각에 지나지 않는다. 나 역시 어려서 너무 몰랐고, 누구 하나 가르쳐 주는 사람이 없었기에 시행착오들이 참 많았다. 지금도 늦지 않았다. 최종 꿈이 뭔지 아직 모르겠다면, 내가 지금 당장 할 수 있는 구체적이고도 소소한 계획들을 한번 세워 보는 것부터 시작해보자. 그렇다고 매번 소소한 목표 성취만으로 만족해서는 안 된다. 그러다가 너무 소소한 일상의 구체적 목표가 마치 최종 목표가 된다면, 성취하고 난후, 오히려 허탈해지고 새로 무언가에 도전할 의욕 상실이 올 수 있기에, 최종의 목표 아래 구체적이고 실행 가능한 서브 목표들로 채우는 것이 좋다. 지금 당장은 소소하고 구체적인 목표들을 하나씩 해 나가며, 좀 더 시야를 넓혀 구체적인 목표의 달성을 통해 갈 수 있는 최종 목표를 마음속에 품고 '5초 실행'을 시작 하는 것이다. 최종 목표는 거대하고 화려하지 않아도 된다. 마음속에 품을 수 있는, 구체적인 목표를 지지해줄 수 있는 목표면 된다.

　집을 지을 때도 집의 뼈대가 올바르게 세워져야 비로소 튼튼한 집을 지을 수 있는 것이다. 최종 목표인 집이 완성되기까지 구체적인 목표들 즉, 뼈대 세우는 것부터 시작해서 자제, 타일, 바닥공사, 천장공사, 도배, 배관공사 등... 이루 말할 수 없는 많은 과정을 거쳐야만 집 한 채가 완성된다. 그만큼 기본공사에 충실해야 하는 것이다. 그렇다고 최종의 목표는 아예 저버리고 근시안적인 작은 목표들에만 충실 하라는 것은 아니다. 그것이 단기간에 이루어야 하는 목표라면 작은 목표만으로도 충분하지만, 인생 전반의 목표인 것이기에 최종의 목표를 염두에 두고, 서브 목표들을 실행해야 하는 것이다. 말하자면, 집터인 땅 다지기를 할 때도, 완성될 집을 구상하며, 상상하며 짓는 것이 바람직하다. 너무 복잡하게 생각하지 말자. '5초 실행'으로 구체적인 목표들을 하나하나 실행해 나가면 된다. 그렇기에 5초 실행을 시작하는 것이 먼저다. 5초 실행이 생활화가 된 후에는 어떤 것을 해도 무방하다. 5초의 실행이 주춧돌이 되어 그이상의 시간으로 확장할 수 있기 때문이다.

최종목표는 그렇게 거대하고 화려하진 않아도 된다. 하지만, 구체적인 목표를 가지고 도전하기에는 충분한 최종 목표이어야할 것이다. 그렇게 매일을 '5초 실행' 자체에 집중하며, 구체적목표를 가지고 그날그날 달성하는 것을 목표로 한다. 그날그날의 구체적 목표 달성에 충실하다보면, 차곡차곡 한 계단씩 목표를 향해 다가가는 것이기 때문이다. 즉, '5초 실행' 그 이상은욕심 부리지 않는다. 단지, 그날의 구체적 목표의 이행에 집중하는 것이다.

가장 이상적인 방법은 가상의 현실을 진짜 내 삶에 도입 해보는 것이다. 예를 들어, 내가 살집을 직접 구상해본다고 생각해보자. 우선 내가 살고 싶은 집을 구체적으로 생각하며 그려본다. 그리고 그 집을 내가 직접 건축한다고 가정해 보는 것이다. 내가 살 집이므로, 그 어떤 누구보다도 열심히 하게 된다. 재료 하나하나에도 신중한 결정을 통해서 선택을 하게 된다. 뼈대는 무슨 나무로 선택 할 것인지, 벽은 좀 더 몸에 좋은 황토를 선택할 것인지, 화장실의 타일은 에코타일을 선택할 것인지.. 등등... 얼마가 될지 모를 기간 동안이지만 내가 살 집이므로 신중할 수밖에 없다. 인간의 수명을 놓고 생각해보자면, 죽을 때까지 평생 살 것도 아닌 집을 짓는 것에도 이렇게 하나하나 공들여 생각을 하고 결정을 하게 되는데, 하물며 나의 100년 인생을 설계하는데 어느 것 하나 허투루 생각 할 수가 없다.

집을 지을 때 재료 하나하나의 선택에 충실하듯 나의 최종 목표를 이루기 위해서는 하위 집단의 작은 목표에 충실해야 한다. 그러기위해서는 재료를 선택할 때처럼 망설임 없는 '5초 실행'으로 하나하나 일궈나가야 한다. 절대로 처음부터 최종목표를 무조건 해내겠다고 하는 것은 금물이다. 항상 머릿속에는 최종목표를 염두에 두되, 그저 지금은 '5초 실행'으로 구체적 서브 목표를 충실히 해나가면 된다. 자칫 욕심에 초반부터 너무 과욕을 부리게 되면, 싫증 또한 금방 올 수 있으므로, '5초 실행' 그 이상은 욕심 부리지 않는다. '5초 실행'을 지속성의 습관을 갖기 위해 반복적으로 연습하며, 박차를 가하면 비로소 그것이 실행근력으로 내 몸에 체화 될 수 있다.

미국의 대학교수, 행동 경제학자인 댄 애리얼리가 TED 강연에서 흥미로운 실험 결과를 발표했다. 두 집단에게 동일한 레고를 주면서 조립해 달라고 했다. "이 레고를 3달러에 조립해 주실래요? 조립하면 3달러 드리겠습니다." 1개를 완성하면, 그 후 2.7달러, 2.4달러, 2.1달러로 금액을 낮췄다. 한 집단에는 레고를 조립한 후 분해하는 모습을 보여주지 않았고, 다른 집단에는 조립을 마친 레고를 바로 보는 앞에서 분해한 후, 조립을 다시 요청했다. 여기서 전자가 '의미 있는 상태'에서 일을 한다고 느꼈다면, 후자의 경우는 일을 해도 해도 끝이 없는 순환이 계속된다고 느끼게 된다. 전자 집단의 경우 11개의 완성품을 완성했고, 후자 집단은 7개의 완성품을 만들었다. 같은 작업이지만, 후자 집단은 일의 성취감이란 느낄 수 없고, 그저 지루함만을 느꼈던 것이다. 이러한 상태를 '시지프스 상태'라고 한다. 고대 그리스 로마 신화에 등장하는 시지프스는 못된 짓을 저질러 돌덩이를 반복하여 산꼭대기에 밀어 올려야 하는 벌을 신에게 받았다. 거의 가까스로 돌덩이를 꼭대기에 올려놓으면 그 돌덩이는 다시 산 아래로 굴러 떨어지고 만다. 그러면 그 돌덩이를 다시 올려놓아야 되는, 끝이 없는 고역의 벌을 받고 있는 셈이다.

시지프스 상태는 끊임없이 무언가를 하지만, 그 어떤 성과나 만족 없이 살아가는 것을 의미한다. 사람이란 어떤 일을 할 때 목적의식과 동기부여가 반드시 필요하다. 혹여, 기계적이고 단면적인 '5초 실행'을 범하는 일은 없어야 한다. '5초 실행'의 이면에는 좀 더 구체적인 목표를 염두 해 놓는 것이 성과 면에서는 더 좋다. 그러한 목적의식을 가지고 '5초 실행'을 행할 때, 처음에는 작은 성과지만, 그 성과가 또 다른 '5초 실행'으로 다른 성과를 불러오며, 그 성취감으로 계속 이어 나갈 수 있는 원동력을 얻게 되기 때문이다.

즉, 처음 행동함에 있어 '5초 실행' 그 이상은 욕심 부리지 않되, 자연스럽게 '5초 실행'이 확장으로 이어질 수 있게 나의 뇌와 마음에는 언제나 목적의식을 품고 행동으로 옮길 수 있어야 한다. 그렇기에 처음부터 너무 과다한 실행 계획은 작심삼일로 끝날 수 있다는 것을 잊지 말아야 할 것이다.

> 두려움을 치료하는 것은 행동하는 것이다.
> 뒤로 미루는 것은 두려움을 증가시킬 뿐이다.
>
> **자기계발, 리더십 컨설턴트, 데이비드 슈워**

[2]
'5초 실행'의 지속으로
성취감 UP!

God created all men equal.
Why do some accomplish far greater accomplishments then others?
Because they had a vision, a desire, and they took action.

신은 만인을 평등하게 창조하셨다.
그런데도 왜 어떤 사람들은 다른 사람들보다 더 큰 성취를 이루는가?
그것은 그들이 비전, 열정을 가졌고, 그것을 실행으로 옮겼기 때문이다.

모건스탠리사의 재정 전문가, 투자.금융.재무설계 강사, 토머스 J. 빌로드

    누구에게나 오늘 하루 24시간과 주말은 평등하게 주어진다. 그 시간을 어떻게 활용하느냐에 따라 내 인생이 좌지우지 된다는 것은 익히 잘 알고 있을 것이다. 이제는 평등하게 주어진 시간을 '5초 실행'의 반복으로 좀 더 내 것으로 만드는 일에 집중을 해야 할 때이다. 그 집중은 곧 실행의 지속으로 연결이 되어야 한다. 실행 지속의 여부는 '5초 실행'을 얼마나 많이, 자주 하느냐에 달려있다. 간단하다. '5초 실행'을 외치자! 조금이라도 흐트러진 내 모습을 발견하게 되면 '5초 실행'이라고 외치면서 그 자리부터 박차고 일어나면 된다.

평소 습관화 되지 않은 어떤 일을 내 것으로 만들기란 정말이지 쉽지 않다. 게다가 그 습관이라는 것은 오랜 시간 지속을 해야만 내 몸에 체화되어 자연스럽게 생활화가 될 수 있는 것이다. 대부분의 사람들은 년 초가 되면 어김없이 새로운 결심들을 다이어리에 적고 또 결심에 결심을 한다. 그리고 작심삼일, 어찌 보면 그것이 정해진 수순인 것도 같다. 이제는 작심삼일도 당연하게 받아들이는 것 같다. 물론, 내 자신에게 조금의 책망이 섞여있긴 하지만 말이다. 하지만, 스스로 개탄할 필요까지는 없다. 어떤 이가 말했던 것처럼, 작심삼일을 매 3일마다 새롭게 시작하면 되는 것이다. '5초 실행' 역시 같은 맥락이다. 혹여, 나태해진다는 생각이 들면, '5초 실행'을 외친다. 그리고 1단계부터 차근차근 5단계까지 5초안에 하나하나씩 실행해 나가면 되는 것이다. 그뿐이다.

나는 누구일까요? 나는 당신의 영원한 동반자입니다. 또한 당신의 가장 훌륭한 조력자일 뿐 아니라 가장 무거운 짐이 되곤 합니다. 나는 당신을 성공으로 이끌기도 하고 실패의 나락으로 끌어내리기도 합니다. 나는 전적으로 당신이 하는 대로 그저 따라갑니다. 그렇지만 당신 행동의 90퍼센트가 나 때문에 좌우됩니다. 나는 당신의 행동을 빠르고 정확하게 좌지우지 합니다. 나에겐 그것이 매우 쉬운 일입니다. 당신이 어떻게 행동하는지 몇 번 보고 나면 나는 자동적으로 그 일을 해냅니다.

나는 위대한 사람들의 하인일 뿐 아니라 모든 실패자들의 주인이기도 합니다. 나는 인공지능 기계처럼 정밀하지만 그렇다고 해서 기계는 아닙니다.

> 나는 당신의 이익을 위해 이용할 수도 있고, 당신의 실패를 위해 사용할 수도 있습니다. 그것은 나와는 아무런 상관이 없습니다. 나를 착취하십시오. 나를 훈련시키십시오. 그리고 나를 확실하게 당신의 것으로 만든다면 나는 당신의 발 앞에 이 세상을 갖다 줄 것입니다. 만일 당신이 날 가볍게 여긴다면, 난 당신을 파멸의 길로 이끌 것입니다.
>
> 내가 누군지 아시겠습니까? 나는 습관입니다.
>
> 작자 미상
> 〈시도하지 않으면 아무것도 할 수 없다〉, 지그지글러

습관이란 정말 무섭다. 나도 내 습관이란 것을 좌지우지해서 늘 나의 하인으로 이것저것 시키고 싶다. 결코 습관을 나의 주인으로 만들고 싶은 사람은 없을 것이다. 습관을 나의 주인으로 둔다면, 습관이 늘 하고 싶은 대로 나는 그저 습관에게 끌려가게 될 것이다. 나의 의지와는 달리 그냥 누워있고 싶고, 움직이기 싫고, 그저 편한 것만을 좋아하며, 습관은 계속해서 주인행세를 하려 할 것이다. 하지만, 바꿔 생각해보면, 습관이 주인행세를 하지 못하도록 하면 된다. '5초 실행'을 계속 반복적으로 하는 것이다. 자꾸 편안함만을 추구하는 습관을 못살게 굴고 내가 나의 습관을 길들이면 될 것이다. 그러면 곧 습관은 항복하고 나의 하인이 되어 나를 진정한 주인으로 받아들일 것이다. 나의 습관부터 굴복시키는 것을 최우선으로 해야 할 것이다.

반복적 '5초 실행'의 지속으로 습관이라는 것을 지배할 수 있

다. 한꺼번에 모든 것을 바꾸려는 생각을 접고, 좀 시간이 걸리더라도 '5초 실행'을 반복한다. 모든 것이 욕심에서 어그러지는 경우가 많다. 처음부터 너무 큰 원대한 목표만을 생각하고 가기에 현재 내가 소화 할 수 없는 양을 한꺼번에 주입 시키게 되고, 그러다보면 싫증도 금방 오게 되고, 습관으로 완성할 수 없는 악순환의 반복이 연속 되는 것이다.

'5초 실행'은 1단계부터 해낼 때 마다 작지만 성취감을 느낄 수 있다. 예를 들어, 가족들 모두 다 늦게까지 아침잠에 취해 나태하게 누워 있는 주말 토요일 아침, '5초 실행'을 떠올린다. 무조건 자리에서 박차고 일어난다. 그리고선, 1단계 일어서자! → 2단계 발을 내딛자! → 3단계 손을 움직이자! → 4단계 펜을 쥐자! → 5단계 책을 잡자! 실행한다.

1단계, 2단계는 머릿속이 아닌, 행동으로 실천할 수 있는 실행이므로, 자리를 박차고 일어남과 동시에 자연스레 움직이면서 실행을 한다. 그리고 3단계부터는 손을 움직일 거리를 찾아본다. 굳이 책이 아니어도 좋다. 손을 움직여, 아침에 가족들이 먹을 수 있는 간단한 달걀 프라이 요리도 좋다. 어쨌든 나 스스로 '5초 실행'을 생활화 하는 습관을 만들기 위해서니까 말이다. 그리고 평상시 안하던 설거지도 내가 한다고 자청한다. 아마, 어머니가 혹은 아내가 깜짝 놀라실 것이다. 그리고 아마도 폭풍 칭찬을 해주실 것이다. 칭찬을 들은 당신은 기분이 UP이 된다. 본디 사람이란 '잘한다. 잘해.'하면 더 잘하고 싶어지는 것이다. 그 때를 놓치지 않고, 그 여세를 몰아, 책을 잡는다든지, 평소 내가 하고 싶었던 일 중 크게 부담스럽게 다가오지 않는 일에 도전하는 것이다. 왠지 잘 될 것 같은 느낌이 막 솟구친다. 기분이 UP이 되니, 다른 할 것들이 마구 샘솟는다. 그렇게 '5초 실행'을 이것저것 실행하다보면 진정한 '5초 실행'의 진미를 알게 된다. 이렇게 작더라도 '5초 실행'을 반복적으로 지속함으로써, 훗날 '습관'이란 것을 당신의 하인으로 만드는 것이다. 습관을 하인으로 둔 당신은 진정 위대한 사람이다.

'5초 실행'이 가져다 준 성취감

나는 영국에서 유학생활 할 당시 한때, 학교와 일 사이에서 벗어나지 못하고 지루하고 고된 반복적인 삶을 살았다. 영국의 모든 것을 보고, 듣고, 느끼기에도 모자랄 시간인데, 그 아까운 시간에 나는 일을 해야만 했다. 아르바이트를 놔버리고 싶었지만, 내겐 한 달 한 달 내야할 방세가 마치 밀린 고지서처럼 느껴졌고, 방세가 아니더라도 생활비를 충당하려면, 일을 놓을 수 없는 형편이었다. 뭔가 다른 돌파구가 필요했다. 그 따분한 삶을 영위한 채 쳇바퀴 돌 듯 그렇게 살고 싶진 않았다. 그래서 생산적인 것을 찾고 있던 중, 'Time Bank'라는 것을 우연히 알게 되었다. 'Time Bank'란 영국의 지역화폐로서 이웃 간에 상호적으로 도움을 주고받을 수 있는 제도로 1998년부터 시작되었다. 자신이 남을 도운 시간만큼 타임뱅크에 저장되며 필요할 때 그 시간만큼 찾아 쓸 수 있는 즉, 다른 사람에게 도움 받을 수 있는 제도다. Time Bank에 신청서를 제출하게 되면 할 수 있는 여러 가지 일들이 있다. 거동이 불편하신분이나 어르신들을 위해 대신 장봐주기, 청소 해드리기, 개 산책 시켜주기 등 여러 가지가 있다. 나는 어르신들과 함께 시간 보내는 것을 선택했는데, 매 주 한번 노인정 같은 곳에 가서, 테이블 세팅과 에프터눈티[영국인들은 3~4시경에 다과와 함께 홍차를 즐기는 문화가 있다.]를 준비하고, 간단하게 게임할 수 있는 것들을 준비해 드리는 일이었다. 준비가 끝나면 어르신들이 오셔서, 간단한 게임을 하고, 에프터눈티와 다과를 즐기며 담소도 나누신다. 나 역시 그들과 함께 하며, 담소도 나누며 즐거운 시간을 보냈다.

사실, 내가 시간을 투자해서 그 분들을 도와주러 간 것이 아니라, 내가 도움을 받은 것이나 다름없었다. 영국인 그들과의 같은 공간에서 함께 숨 쉬며 그들의 삶을 느낄 수 있었고, 그것이야말로 진정 영국을 느끼는 것이었다고 생각한다. 내가 누군가를 돕는다는 것에서 보람과 성취감도 느낄 수 있었고, 게다가 내가 원하는 분야에서 봉사한 시간만큼 나중에 서비스 받을 수 있다고 하니, 그야말로 1석2조였다. 그 덕에 원어민인 그 분들과 대화 나눌 기회도 많았고, 영어를 확장 시킬 수 있었다.

상냥한 말투와 항상 곱게 화장을 했던 앤할머니, 게임할 땐 조금은 과격했던 로라할머니는 여전히 나의 기억 속에 남아 있다. 그 곳 할머니들의 푸근함에서 한국 할머니들에게서 느낄 수 있는 따뜻함마저도 느낄 수 있었다. 타국에 와서 내 손으로 누군가에게 도움을 베풀 수 있다는 것 자체에서 알게 모르게 성취감을 느꼈고, 할머니들을 만나러 가는 시간이 설레기 까지 했다.

내겐 또 다른 재미난 에피소드도 있다. 당시 나는 Zone2에 거주했다. 참고로, 영국은 런던 중심지를 기준으로 가장 안쪽부터 바깥쪽으로 Zone1, Zone2, Zone3... 식으로 구역이 원형으로 나뉘어져 있는데, 가장 중심지가 집값이 비싸고 대부분 안전한 지역이 많고, 바깥 원으로 갈수록 집값은 싸면서 차등은 좀 있지만, 위험한 지역들이 더러 있다. 나는 Zone1은 방세가 비싸서 엄두를 내지 못했고, Zone2에 거주했다. 그날도 11시에 아르바이트를 마치고, Zone2, Willesdengreen에 있는 나의 집으로 가기 위해 6번 버스 2층의 맨 앞자리에 앉았다. 한참을 달렸다. 누군가 나의 어깨를 치며 깨운다. 나도 모르게 잠이 들었었나보다. 눈을 떠보니, 시커멓고 덩치 좋은 흑인남자가 나를 깨운다. "Hey, Hey blah, blah...." 순간 잠이 확 깨서 사방을 둘러보았다. 버스는 정차해 있고, 아무도 없었고, 그 흑인과 나 뿐이다. 순간 두려움이 엄습해왔고, 도통 뭐라고 하는지 들리지도 않았다. 그러다 겨우 진정하고 정신을 차려보니,

흑인 왈 "여기 종점이니, 어서 내려라."고 말한다. 친절한 흑인 아저씨였다. 아뿔사, 잠이 들어 한정거장을 더 간 것이다. 고된 아르바이트로 너무 피곤했기에 잠이 들었겠지만, 대놓고 용감했던 건지, 생각이 없었던 건지, 지금 생각해보면 그저 아찔하다. 그래도 착한 흑인 아저씨 덕분에 내려 한정거장 걸어서 집으로 잘 돌아왔다. 그야말로 웃긴 해프닝이었다.

내가 그저 학교와 일 사이에서 힘들고 피곤하다는 핑계로 그냥 살았다면, Time Bank를 향한 '5초 실행' 발걸음이 없었다면, 신청서를 작성했던 '5초 실행'이 없었다면, 절대로 느낄 수 없었던 귀중하고 소중한 추억이다. 당시 늦은 밤 11시가 넘어서야 끝나는 아르바이트를 마치고 집에 돌아오는 나의 몸은 그야말로 녹초가 되어있었다. 하지만, Time Bank 봉사활동으로 나의 영국 생활은 그저 즐거웠다. 타국에서 공부하며, 아르바이트 하는 평범하고 미약한 나였지만, 나도 누군가에게 도움을 주고, 그 도움으로 성취감을 느낄 수 있었기에, '5초 실행'은 더 값졌던 것이다.

[**3**]
'5초 실행' 확장 공사
['5분 실행' 입문]

What have you done today to help you reach your lifelong goals?
오늘 당신은 평생의 목표에 도달하는 데 도움이 되는 무슨 일을 하였는가?

베스트셀러 저자, 컨설턴트, 브라이언 트레이시

 우리는 주위에서 프렌차이즈 레스토랑이나, 치킨집, 빵집 등을 쉽게 볼 수 있으며, 가까이 있기에 필요할 때마다 편리하게 이용할 수 있다. 프렌차이즈 사업은 대기업들이 매출증대와 함께 회사를 키워가는 방법 중 하나이기도 하다. 프렌차이즈 사업처럼 '5초 실행'도 그 이상의 확장공사를 해야만 한다. 실행의 시발점은 '5초 실행'이다. '5초 실행'을 발판으로 실행 시간을 늘릴 수만 있다면, 더할 나위 없이 좋은 확장공사가 될 것이다. 구체적 목표 '5초 실행'을 여러 번 반복적으로 하다보면 친숙하게 느껴져 '5분 실행'도 어렵게 느껴지지 않을 것이다. 프렌차이즈 가게를 창업할 때 본사에서 인테리어부터 설비기기, 각종 재료들까지 이것저것 지원해주는 것이 많다. 이처럼 '5초 실행'이 사전에 탄탄하게 내 몸에 체화되어 있으면 '5분 실행'으로 확장하는 데 별 무리가 없다. 때때로 장사 잘 되는 가게가 옆 가게까지 터서 확장하는 경우를 주위에서 본 적이 있을 것이다. 하지만, 어찌된 일인지, 작은 평수의 가게와는 달리 장사가 더 안 된다. 그러다 폐업하는 사례도 종종 보았다. 가게 확장처럼 너무 무리하게 '5분 실행' 그 이상으로 처음부터 확장공사를 실행하면 실패로 돌아갈 수 있다. 그렇기에 조급한 마음을 비우고 여유를 가지고 '5분 실행'을 실시하자. 많이, 여러 가지가 아니고, 한 가지라도 완성하는데 그 목표를 두자. '5초 실행'으로 나의 몸을 각성시켜 놓고 바로 '5분 실행' 단계로 진입하자. 실행의 틀을 잘 잡아줘야 그 이상의 시간 확장을 가져올 수 있다.

더 이상 뜸 들이지 말고, 베란다 확장공사 하듯, '5초 실행'을 '5분 실행'으로 확장공사 하자. '5초 실행'을 발판으로 '5분 실행'도 함께 입문 하는 것이다. 무(無)에서 유(有)를 창조하는 것이기에, 당연히 '5초 실행'이 기본이 되어야 할 것이다. 때로 그냥 아무 생각 없이 보내는 일상을 그저 시간 낭비 하지 말고 뭐든 시도 하라는 의미인 것이다. 매일 꾸준히 자투리 시간을 활용하는 생활을 일상화 한다면 '티끌모아 태산'이라고, 시간은 좀 걸리겠지만 후일 만족스러운 결과를 가져다 줄 것이다. 우리의 일상생활을 좀 더 여유롭고, 보람찬 하루하루로 맞이하고 마감하기 위해 '5초 실행'에서 '5분 실행'으로 확장공사 하는 것을 게을리 해서는 안 될 것이다. 단초가 되는 '5초 실행'을 계기로 처음부터 너무 거창한 계획이 아닌, 일상생활에 큰 지장이 없고, 부담 없는 확장 공사를 시작해 보자. 단, 항상 염두 해 둘 것은 '5초 실행'이 기본이라는 것은 잊지 말자.

확장공사 1 5분 일찍 일어나기

> 아침잠은 인생에서 가장 큰 지출이다.
> **미국 철강기업인/자선사업가, 앤드류 카네기**

평소 일어나는 시간보다 5분 일찍 일어난다. 이 역시 처음부터 '1시간 일찍 기상'을 목표로 세운다면, 의욕은 좋으나, 며칠 못가서 지키지 못하는 공약이 돼버리기 일쑤이며, 대부분의 사람들 역시 마찬가지일 것이다. 5분을 필두로 차차 시간을 두고 늘려 가면 되는 것이다. 너무 조급하게 시작할 것 없다. 처음에는 '그까짓 거 5분 일찍 일어나서 뭐하냐?'라고 반문 할 수도 있겠지만, 5분이면 할 수 있는 것들은 의외로 많다. 간단하게 집 근처 5분 산책이 가능하고, 세수와 양치하는데도 5분이면 충분하고, 화장실 용변 보는데도 5분정도면 가능하다. 준비된 아침 밥상이 있다면, 간단한 요기도 5분정도면 충분하다. 5분정도의 명상도 아주 좋다. 무념무상도 좋고, 하루를 시작하기 전 머릿속으로 오늘의 계획을 세워보는 것도 좋다. 혹은 어제 나의 하루는 어땠는지 반성의 시간을 갖는 것도 좋은 방법이다. 어제의 나를 상기하며 더 나은 오늘을 만들 수 있기 때문이다. 이렇게 하면, 평소 서둘러서 허둥지둥하는 등굣길, 출근길에서 여유가 조금 느껴질 것이다.

마음의 여유가 조금 느껴진다면, 버스든, 지하철이든 책을 읽는 것도 좋은 방법이다. 요즘은 E-BOOK이 활성화되어 무거운 책을 굳이 들고 다니지 않아도 될 만큼 편한 세상이 되었다. 굳이 아침에 책 따위는 읽고 싶지 않다 해도, 5분 일찍 등교나 출근을 하면 기분까지 상쾌한 하루가 시작된다. 평소보다 5분 일찍 한 등교와 출근으로 책상정리를 먼저 한다든지, 간단하게 물 한잔이나 커피 한잔으로 워밍업을 하는 것도 좋을 것이다. 혹은 간단하게 명언집이나 평소 좋아하던 책 구절을 5분정도 읽는 것만으로도 고되게 느껴졌던 하루의 시작이 그저 행복하게 느껴질 수 있다. '굳이 아침부터 뭘 그렇게 해야 하나?' 생각 한다면, 그저 5분 일찍 일어나기를 성취한 나 자신을 칭찬해준다. 어찌됐든 계획한 작은 목표를 성취했으니까 말이다.

하루 1,440분 중 5분이다. 하루 중 0.3% 시간이다. 잠깐 스마트폰 보면서도 그냥 흘러가는 시간이기도 하고, 친구와 수다 떨며 마냥 흘러가는 시간이기도 하다. 하루 24시간 중 표도 안 나는 5분 투자로 좀 더 활기차고 여유 있는 삶을 시작하는 건 어떨까?

확장공사 2 **5분 스트레칭 하기**

생물학적으로 이미 우리의 몸은 20세부터 노화가 시작된다고 한다. 그나마 2~30대 때 까지는 신진대사의 활발한 촉진으로 굳이 별다른 운동을 하지 않아도 자신의 몸을 유지 하는데 별 지장이 없고, 별다른 운동의 중요성을 체감 하지도 못한다. 하지만, 40대에 이르러서는 모든 신체기관의 노화가 급격히 찾아오며, 그때서야 40대 대부분이 운동의 중요성을 깨닫는다. 40대 운동의 시작이 결코 늦은 것은 아니다. 하지만, 신체의 여러 기관의 유연성은 떨어지고, 근력의 소실로 2~30대를 쫓아가기에는 역부족이다. 그래서 2~30대 때부터 그저 손 놓고만 있지 말고 평소 간단한 5분 스트레칭으로 체조선수 부럽지 않은 유연한 몸을 만드는데도 소홀하지 말아야 할 것이다. 스트레칭의 생활화로 균형 잡힌 자세와 유연한 몸을 만들 수 있다. 그리하여 40대, 50대 그 이상이 되어서도 하지 않은 사람에 비해 월등히 건강한 몸을 유지할 수 있다. 몸이 건강해야 '5초 실행'이든 뭐든 할 수 있지 않겠는가?

사람의 몸은 20세부터 늙기 시작한다. 폐는 20세에 노화가 시작되어 70세까지 최대 폐활량이 40%나 감소되고, 근육은 20세부터 90세까지 전 근육 량의 20~40%가 축소된다. 면역체계는 30세부터 악화되고, 40세가 넘으면 심장 기능이 20%나 감소한다. 40세부터는 신경이 노화되어 자극 전달 속도가 느려지고, 40대 후반부터는 뼈의 노화가 진행되어 골다공증이 발생한다. 50세가 되면 여성은 여성호르몬 에스트로겐의 생성이 중단되고, 남녀 모두 성장 호르몬 분비가 현저히 줄어든다. 사람의 피부는 25세부터 노화가 시작된다.

〈하루 10분의 기적〉, KBS 수요 기획팀

실제로 육안으로 보이지 않고 피부로 와 닿지 않아서 그렇지, 뭔가 호기롭게 시작할 때인 20세 한창인 나이에 이미 우리는 늙어가고 있는 것이다. 스트레칭이야말로 운동중의 기본 운동인 것이다.

나는 2, 30대는 운동에 전혀 관심조차 없었다. 그저 뭘 배워야겠다는 욕심은 많아서 이것저것 도전해보고 시도는 많이 했지만, 정작 몸에는 많이 소홀했다. 그 당시 사실 돈 내고 운동 다니는 사람들이 그다지 이해가 가지 않았다. 요즘은 워낙 운동의 중요성과 식습관의 중요성을 언론이나 공중파에서 많이들 얘기하고 각성시켜주지만, 나의 2, 30대는 달랐다. 아니, 내가 관심이 없었던 것이 더 맞을 것이다. 그렇게 40대를 맞이한 나는 크게 아픈 곳은 없지만, 여기저기 어깨, 목 등의 통증도 느끼고, 뻐근함으로 만성 피로에 시달린다. 그래서 운동을 해야겠다는 생각이 요즘 들어 더 절실하다. 내가 경험자이기에 확실히 말해줄 수 있는 것이다. 당신은 아직도 젊다고 생각되는가? 몸은 젊었을 때부터 꾸준히 기름칠을 해줘야 나이 들어서도 삐걱거리지 않는 법이다. 몸이 건강해야 산수 갑산 구경도 하고, 하고 싶고, 먹고 싶은 것도 맘껏 할 수 있는 것이다. 물론, 5분투자로 이렇다 할 만하게 큰 성과를 바랄 수는 없을 것이다. 하지만, 매일 꾸준하게 하루 5분씩 내 몸에 기름칠 하듯 스트레칭을 일상화 한다면 몸이 쉽게 굳어지지는 않을 것이기 때문이다. 5초 실행은 말 그대로 시동 거는 작업의 일환이다. 그 시동을 매일 같이 꾸준히 걸어준다면, 5분 실행도 딱 5분에만 머물라는 법은 없다.

하루 5분, 스트레칭 하기에 그리 길고 힘들게 느껴지는 시간이 아니다. '5초 실행'으로 시동 걸고 5분 동안 스트레칭 한다. 여러분의 젊은 미래가 다가올 것이다.

확장공사 3 5분 동안 목표를 말하고 상상하기

나는 아침에 일어나자마자 하는 일이 있다. "책 0월0일까지 초고 완성하기!" 혹은 "50세 때까지 내 명의 0층 건물 갖기"등 짧은 시간 안에 가능성 있는 목표부터, 조금은 거창한 목표까지도 매일 아침 내 입으로 소리 내어 내 귀로 들려주는 일을 실행한다. 목표 말하고 상상하기는 반드시 일상의 생활화가 되어야 한다. 아침에 5분 일찍 일어나서, 5분 동안 자신의 목표나 꿈을 상상하며 소리쳐 말하는 것이다.

> 천 번을 말하면 내 것이 되고, 만 번을 말하면 그대로 이루어진다.
> **인디언 명언**

당신은 종교가 있는가? 나는 무신론자다. 하지만, 인생을 살아 갈수록 종교의 필요성을 점점 느끼게 되는 것 같다. 현재 당신에게 그 어떤 종교가 없다면, 나만의 신이라도 마음속에 반드시 만들기를 권하고 싶다.

21세기 현대 사회를 바쁘게 살아가는 우리에겐 최소 종교 하나쯤은 가지고 있어야 된다는 기사를 언젠가 인터넷에서 읽었던 기억이 있다. 옛날에는 그야말로 누구나 먹고 사는데 급급해서 대부분의 고민거리나 걱정거리는 거기서 거기로 고만고만했다. 하지만, 요즘의 우리는 스스로 해결하기엔 너무 벅찬 고민거리와 각종 스트레스로 육체적으로 정신적으로 그야말로, 심신이 많이 힘들어 한다. 게다가 인간관계에서도 오는 스트레스는 이루 말할 것도 없다. 이제는 어딘가 기댈 곳이 필요한 것이다.

종교를 가지고 있는 이들은 당연히 신에게 의지하며 자신의 모든 고민거리와 소망을 기도 한다. 여기서 중요한 것은 그 대상이 부처님이냐, 하느님이냐가 아니라는 것이다. 특정 종교가 중요한 것이 아니라, 누군가에게 의지하고 기댈 수 있는 곳이 있다는 것 자체가 고단한 삶을 살아가는 우리에게는 큰 힘이 된다는 것이다. 그것을 통해 마음의 치유가 되고, 희망을 얻을 수 있다. 물론, 옆 사람에게 기댈 수도 있겠지만, 사람이다 보니 매번 일방적으로 마음의 위안을 받을 수만 있는 것은 아니다. 아무리 가까운 친구 혹은 가족이라도 내 마음 깊숙이 담고 있는 것을 모두 말 할 수도 없을 것이다. 설사, 말한다손 치더라도 언제나 내가 원하는 방향의 위안을 받을 수는 없다. 그렇지만 어디에선가 듣고 있는 나만의 신에게는 마음속 깊은 곳에 있는 상처까지도 모두 말 할 수 있다. 또한 신은 나에게 그 어떤 명쾌한 답을 주지도 않는다. 그저 수차례에 걸쳐 기도하면서 말하다보면 자연스레 나 스스로 위안과 치유가 되며 해답을 얻게 되고, 바라고자 하는 목표나 소망 또한 수십 번, 수백 번 말하고 기도하면서, 자연스럽게 나의 뇌에 각인 되는 것이다.

같은 맥락으로 접근해 보자. 신앙심 깊은 종교인 K는 힘든 일이든 기쁜 일이든 늘 기도한다. 그리고 되고 싶은 것, 이루고 싶은 것을 매번 신께 기도하며 말한다. 나는 신이 정말 존재해서 그 모든 것들을 들어주고 안 들어주고는 사실 잘 모르겠다. 하지만, K는 매일 하루에도 열 번씩, 스무 번씩 반복해서 신에게 기도하며, 입으로 말하면서 자신도 모르게 뇌에 상기하고 또 상기한다. 신에게 하는 기도는 즉, 나에게 하는 말이며 신호이기도 하다. 그런 일련의 과정을 통해 자신에게 매일, 매회, 매순간, 매초 각인시키며, 목표나 되고자 하는 것들을 자기도 모르는 사이 뼛속 깊이 인식하게 된다. 종교를 빌어 신에게 기도한다고 하지만, 나의 뇌 속에 반복 각인이 자연스레 생기고 있는 것이다. 이러한 반복을 통해 뇌 속에 원하는 것들이 각인되는 것은 명백한 사실이다.

내가 말하고 싶은 것은 여기에 있다. 하루에도 수십, 수백 번을 말하고 상기하다보면 힘들었던 것 들은 어느새 말하면서 치유가 될 수도 있고, 꿈이나 목표는 체면 걸리듯이 뇌에 주입이 되면서 누가 시켜서가 아닌 내 스스로가 실행을 하나하나 그 방향으로 하고 있는 것이다. 그러다 보면 자연스럽게 나의 꿈, 나의 목표에 가까워 질 수 있게 되는 것이다.

혹자는 이러한 것들 모두가 종교의 힘이기 때문에 당연한 것이라고 말할 수도 있을 것이다. 나는 그것을 반박하려고 하는 것은 아니다. 종교인에게는 종교인의 세계가 있으니 말이다. 다만, 목표나 원하는 것이 있을 때 끊임없이 되뇌는 반복의 힘이 중요하다는 것을 말하고 싶다. 종교가 없는 사람도 자기만의 신, 예를 들어, 애니미즘이나 토테미즘의 일환으로 동, 식물 혹은 자연 중에 어떤 특정한 것을 자기만의 신으로 염두하고 늘 기도하는 것도 좋은 방법 중 하나라는 것이다.

나에겐 나만의 신이 있다. 약 5년 전 갑작스레 심장질환으로 하늘나라로 간 우리 집 강아지다. 나는 슬픈 일이나 기쁜 일이 있을 때도 그녀를 찾고, 이루고 싶은 것이 있을 때도 그녀를 찾는다. 그러면 그녀는 내말을 잘 들어준다. 진정 그녀가 내 말을 잘 들어주는 것일까? 글쎄.... 내가 기도하면서 나의 뇌에 계속해서 각인 시키고 있는 것, 그것 때문이 아닐까?

하루 5분 목표를 말하고 상상하는 것, 별것 아닌 것 같은 간단한 실행이지만, 그것은 마치 당신을 움직이게 하는 마법의 주문이 되어 줄 것이다. 거창하게 신을 굳이 만들어서 반드시 하라는 것은 아니다. 모든 것이 다 귀찮게만 느껴진다면, 그냥 하루 5분 목표를 말하고 상상하는 것, 그것만 매일 해보자. 하루 5분의 반복 투자로 당신의 인생의 변화가 올 수 있다.

확장공사 4 5분 독서를 통한 의식 확장하기

독서의 중요성은 익히 다 알고 있을 것이다. 무엇이든 좋다. 5분이 아닌 그 이상을 하면 더할 나위 없이 좋겠지만, 그동안 습관화 되지 못한 독서 습관을 자리 잡게 하기 위한 것이다. 하루에 반드시 5분은 지키자. 최소한의 나와의 약속이다. 5분 안에 읽을 수 있는 유명한 명언집도 좋고, 가볍게 유대인의 경전과도 같은 탈무드 한편씩을 읽는 것도 좋다. 소설은 더 좋을 수도 있다. 혹여 5분독서 중간에 맥락이 끊긴다고 아예 시도조차 하지 않을 수도 있지만, 소설의 뒷내용이 궁금해서 5분 그 이상을 책에 투자 할 수도 있으니 말이다.

당신은 평소 어떤 책읽기를 하고 있는가? 독서에는 수직적 독서와 수평적 독서가 있다고 한다. 비슷한 주제를 가진 분야의 책을 주로 읽고 있다면, 수직적 독서법일테고, 전혀 다른 주제를 가진 책들을 두루 읽는 편이라 하면 수평적 독서일 것이다. 어떤 한 전문분야를 전공하고 있는 사람이라면, 그 분야의 전문가가 되기 위해 수직적 독서를 통해 깊이 있는 지식을 체득해야 할 것이다. 반면 수평적 독서는 다방면에 걸친 여러 분야의 책을 접함으로 수직적 독서에 비해 전반적인 정보나 지식을 얻을 수 있는 장점이 있다. 두 가지 독서법 모두 일장일단이 있다. 때에 따라 다르겠지만, 두 가지 독서법을 어느 정도 적절히 섞어서 하는 독서법이 적당하지 않을까 싶다.

이권우의 〈책기의 달인 호모부커스〉에서 발췌한, 서울신문 전 논설위원 이중한 선생은 좀 색다른 시각의 특유의 수사학으로 책읽기 방법을 이야기 하고 있다.

1. 비타민적 읽기

당장의 효과를 노리고 읽는 것이 아니라, 은근짜하게 지속적으로 영향력을 발휘하는 읽기를 가리킨다.

2. 아스피린적 읽기

빠르게 효과를 얻을 수 있는, 실용적인 독서를 뜻한다.

비타민 섭취는 단시간에 효과를 바라고 섭취하는 것이 아니다. 한 알로도 끝나는 것이 아니다. 효과 또한 단시간에 나타나지도 않는다. 지속해서 꾸준히 섭취해야 한다. 반면에 아스피린은 몸에 열이 날 때, 혹은 빠른 효과를 보고자할 때 섭취하는 것이다. 선택은 여러분에게 달려있다. 부담 없이 하루를 시작하는 아침이나, 하루를 마감하고 조용한 저녁에 읽는 5분책은 비타민적 읽기의 독서법이 좋을 것이다. 그리고 아스피린적 읽기는 그야말로, 내가 알고 싶어 하는 분야이거나 업무와 연관된 방면일 경우에 조금은 스피드를 내어서 실용적인 독서를 하는 것이 맞을 것이다.

내가 알고 있는 지식이나 의식은 한 순간에 증폭되지 않는다. 전체의 삶을 놓고 보자면, 이는 비타민적 읽기가 합당하다. 중간 중간 때로는 아스피린적 읽기가 혼용되어야 할 것이지만, 은근하게 지속적으로 꾸준한 독서를 통해야만 의식은 점점 확장된다. 에브라함 링컨, 토마스 에디슨, 빌게이츠, 피터드러커, 워렌버핏과 같은 유명인사는 엄청난 독서량을 가지고 있다. 왜 그들은 그토록 읽었고, 왜 그들은 지금의 자리에서도 계속 읽고 있는 것일까? 지금의 당신이 그토록 바라던, 그들과 같은 정상의 자리에 있다 생각해보자. 계속해서 읽을 것인가? 아니면 삶이 바쁘다는 핑계로 책을 손에서 놓을 것인가?

우리는 때로, 베스트셀러가 된 책이 영화로 제작된 경우를 종종 볼 수 있다. 그렇다면, 영화가 책보다 좋을까? 경우에 따라 다르겠지만, 영화가 책보다 좋다고 딱 잘라 단정 지어서 말할 수는 없다. 책이 원작이었던 영화를 보고 난 후, 대부분 책을 읽었던 독자는 하나같이 영화가 책에 못 미친다고 말한다. 책을 읽지 않고 영화만을 본 사람들은 좋다고 했는데도 말이다. 왜 그럴까? 우리는 책을 읽는 동안 자신만의 상상의 세계를 구축해 나간다. 하지만, 영화를 통해서는 감독에 의해 규정화된 배경, 상황, 주인공 등 모든 것이 눈에 보이게 구체화 되어 있다. 게다가 각색까지 더해져 기존 상상했던 모든 것들이 고정화 되면서 그동안 나만의 스토리는 산산이 부서진다. 내가 상상했던 주인공의 모습과는 너무나도 동떨어진 경우도 있다. 이러한 것들이 책을 먼저 읽었던 관객에겐 실망감으로 더 크게 다가오기 때문일 것이다. 책은 독자에게 많은 것을 준다. 지식과 교양을 주기도 하지만, 상상력의 확장도 준다. 그리고 넓게는 삶의 방향까지도 준다.

> "2, 30대의 지식은 앞으로의 인생을 살아가는데
> 결정적인 역할을 할 것입니다."
> **일본 베스트셀러 작가, 다치바나 다카시**

책은 반드시 읽어야 한다. '5분독서' 지금 당장 실행 하자. 책이 옆에 없다면, 신문이라도 좋다. 시작이 중요하다.

확장공사 5 5분 글쓰기로 하루 마무리

작가이자 1인 기업가인 송숙희의 〈쓰는 동안〉에 나오는 이야기다. MIT공과 대학의 피터 엘보우 교수는 대학생 이상 성인의 쓰기에 대한 연구를 많이 했다. 그는 하루에 10분씩 자유롭게 쓰게 되면 뇌를 밀어서 시동을 걸게 하는 기능을 한다고 주장한다. 그곳에서 글쓰기를 배운 신동호 링크나우대표는 바바라 골도프타스 교수에게 이렇게 들었다고 전한다. "MIT가 쓰기를 강조하는 이유는 쓰기를 통해 명쾌한 사고 능력이 생기게 되고, 이것이 연구 능력과도 직결되기 때문이며, 실제로 MIT에서 글을 잘 썼던 학생들이 졸업한 뒤에도 성공하는 가능성이 높다는 조사 결과도 있었다." 그리고, 일본의 한 리서치 업체에서 약 3,000여 개에 달하는 일본 대기업 사장 가운데 무작위로 300명을 뽑아 설문을 실시한 결과, 300명 사장 전부가 일기를 쓰고 있다고 답했다. 한술 더 떠 일본 메릴린치 사장은 "일기를 쓰지 않는 사람은 항해지도도 없이 세계를 일주하려는 어리석은 항해사와 같다."고 단언했다고 한다.

글쓰기하면 거창하게 생각할 수도 있다. 곰곰이 글쓰기를 생각해보면, 학창시절 백일장 때 빼곤 일기가 글쓰기의 전부였던 것 같다. 그 일기란 것도, 초등학교에선 숙제라는 미명하에 매일매일 써서, 검사를 받아야 했지만, 중학교 이후로는 본인의 의지가 아니고선, 굳이 안 써도 되는 것이 일기였던 것이다. 그나마, 지금껏 일기를 꾸준히 써온 분은 그다지 큰 부담을 느끼지 않을 테지만, 초등학교 방학숙제로 어쩔 수 없이 제출했던 일기가 글쓰기의 전부였던 분은 글쓰기 하면, 거부반응부터 나올 수 있을 것이다. 처음엔 하루의 일과를 써보는 것으로 시작해보자. 단 한 줄이라도 좋다. 일상에 있었던 일을 쓰는 것으로 시작하여, 하루를 마감하는 기도문도 좋을 것이며, 정 쓸 말이 없다하면, 감사의 글도 좋다. '오늘 하루를 온전히 제게 주셔서 감사합니다.' '이 글을 쓸 수 있게 해주셔서 감사합니다.' '내 옆에 함께 할 수 있는 가족을 주셔서 감사합니다.' 생각해보면 감사 할 일이 너무나도 많다.

막상 글쓰기를 시작하고 나면 5분이 그리 길지 않을 것이다. 아니, 오히려 모자랄 수도 있을 것이다. 하루 중 오롯이 나와 마주하는 시간을 가짐으로서 사고의 확장도 가져올 것이며, 내면에 치유되지 않은 걱정거리나 고민거리도 글을 통해 카타르시스를 느껴 나의 감정을 표출 할 수 있게 되고, 감사의 글을 쓰면서, 나의 일상의 소중함을 느낄 수 있다. 메릴린치 사장의 말을 빌어보자면, 무엇보다 후일 세계 일주를 시작하려면, 항해지도를 차곡차곡 미리 준비해 두어야 되지 않을까?

현대인들은 나 자신과 마주하는 시간을 하루 중 얼마나 가질까? 예외적인 사람들도 있겠지만, 주위에서 볼 수 있는 지극히 평범한 사람들은 아마 단 1분도 없을 것이다. 회사생활에 치어, 학업에 치어, 가사 일에 치어, 육아에 치어... 온통 나의 손

길을 기다리는 일들로 이렇다하게 짬을 낼 시간이 도통 없다. 그렇지만, 곰곰이 생각 한번 해보자. 하루 중 5분 내는 것이 그리 힘들지는 않을 것이다. 그것도 나를 위한 시간인데 말이다. 나에 대한 투자라고 생각하자. 쓰다보면 사고능력의 확장이 온다. 그리고 그 무엇인가 원하는 것을 찾기 시작할 것이다.

> 글을 쓸 때에는 모든 것을 내려놓아라.
> 당신의 내면을 표현하기 위해 단순한 단어들로
> 단순하게 시작하려고 노력하라.
>
> **미국 시인/소설가, 나탈리 골드버그**

[4]

'5초 실행'으로
실행 근력 다지기

We can do anything we want to if we stick to it long enough.
충분히 오랫동안 고수하기만 하면 원하는 어떤 것이든 할 수 있다.

헬렌켈러

전 〈워싱턴포스트〉기자, 뉴욕 지부장, 〈티핑포인트〉, 〈블링크〉의 베스트셀러 저자인 말콤글래드웰의 〈성공한 기회를 발견한 사람들, 아웃라이어〉에 나오는 이야기다. 심리학자 K.안데르스 에릭손(K.Anders Ericsson)은 1990년대 초에 〈재능 논쟁의 사례 A〉라는 연구결과를 내놓았다.

우선 그들은 바이올리니스트들의 세 그룹으로 나누었다. 첫 번째 그룹은 '엘리트'로 장래에 세계 수준의 솔로 주자가 될 수 있는 학생들이었다. 두 번째 그룹은 그냥 '잘한다'는 평가를 받는 학생들이고, 세 번째 그룹은 프로급 연주를 해본 적이 없고 공립학교 음악교사가 꿈인 학생들이었다.

세 그룹에 속하는 모든 학생은 대략 다섯 살 전후에 연주를 시작한 것으로 나타났다. 초기 몇 년간은 대략 일주일에 두세 시간씩 비슷하게 연습을 했지만, 여덟 살이 될 무렵부터 변화가 나타났다. 자기 반에서 가장 잘하는 아이는 다른 아이보다 연습을 더 했던 것이다. 아홉 살 때는 일주일에 여섯 시간, 열 살 때는 열두 시간, 열네 살 때는 열여섯 시간으로 연습시간은 점점 길어졌고, 스무 살이 되면 자신의 실력을 갈고 닦겠다는 확고한 목적을 가지고 일주일에 서른 시간을 연습했다. 결과적으로 스무 살이 되면 엘리트 학생은 모두 1만 시간을 연습하게 된다. 반면 그냥 잘하는 학생은 모두 8,000시간, 미래의 음악교사는 4,000시간을 연습한다. 에릭슨의 연구에서 무릎을 치게 되는 부분은 그들이 '타고난 천재' 즉 다른 사람이 시간을 쪼개 연습하고 있을 때 노력하지 않고 정상에 올라간 연주자를 발견하지 못했다는 점이다.

신경과학자인 다니엘 레비틴(Daniel Levitin)은 어느 분야에서든 세계 수준의 전문가, 마스터가 되려면 1만 시간의 연습이 필요하다는 연구결과를 내놓았다. 연구자들은 진정한 전문가가 되기 위해 필요한 '매직넘버'에 수긍하고 있다. 그것은 바로 1만 시간이다.

말콤 글레드웰의 주장에 따르면, 우리가 잘 알고 있는 모차르트, 영국 가수 비틀즈, 미국 마이크로 소프트사 CEO 빌게이츠, 애플의 스티브잡스, 썬마이크로 시스템즈 공동 창업자 빌조이와 같은 사람들 역시 이 1만 시간 법칙의 주인공들이라고 한다.

우리에게 친숙한 대표적인 사람의 예를 보자. 김연아 선수가 있다. 전 국가대표 선수였던 김연아는 지독한 연습벌레로 익히 알려진 인물이다. 체중관리를 위해 먹고 싶은 것도 제대로 먹지도 못하면서 연습에 연습을 했던 그녀의 피나는 노력이 오늘날의 그녀를 탄생시켰던 것이다. 단지 때가 되어서, 우리나라에 없었던 사상 유래 피겨스케이팅 분야에 올림픽 금메달이 탄생한 걸까? 결코 그렇지 않다. 그녀의 인고의 시간 역시 1만 시간이라는 임계점을 넘었기에 그 모든 것들이 가능했던 것이다. 우리나라의 불모지와 같았던 피겨스케이팅 분야에 그녀의 1만 시간 이상의 피나는 노력이 제대로 꽃을 피운 것이다. 우리는 그들의 성공 이면에 있는 1만 시간의 노력은 생각지도 않은 채 그저 그들의 오늘의 영광이 부러운 것이다. 우리도 도전하면 된다.

앞서 말콤 글래드웰이 언급한 주인공들 역시 시작은 '5초 실행'이었다. '5초 실행'의 위력은 실로 대단하다. 5초가 모여서 5분, 50분, 5시간, 50시간, 500시간, 5000시간, 그리고 1만 시간이 될 수 있다. 실행의 완성으로 맛보았던 성취감으로 실행 시간이 점차 늘어난다. 실행의 시간이 늘어날수록 실행의 근력이 자연스레 붙는다. 근력이 붙게 되면, 실행의 가속도는 높아지고, 성과 또한 점점 더 높아지게 되어 있다. 1만 시간이라는 임계점을 돌파하면, 못해낼 것이 없다.

반드시 1만 시간을 채워 올림픽 금메달을 따야하는 것처럼 한 곳에 몰두하고 집중해야 된다고 말하려는 것이 아니다. 실행의 근력을 만들기 위해서는 반복적인 실행이 필요하다는 것을 말하고 싶은 것이다. 사실 말이 1만 시간이지, 누구든 다 할 수 있다면, 이 세상에 실패자란 단 한명도 없어야 되는 것이다. 요점은 1만 시간이 중요한 것이 아니라, 지금 당장 '5초 실행'을 반복적으로 시작하자는 것이다. 그래서 실행의 근력을 만들자는 것이다. 반복적인 5초 실행이 근력을 만들고 그 근력이 내 몸에 체화되어 습관으로 다져지게 되면, 어떤 실행이든지 두렵지 않게 된다.

우리 주위에서도 쉽게 볼 수 있는 사례가 있다. 1만 시간이라는 어마어마한 시간을 요하는 일은 아니지만, 연습의 시간이 어느 정도 반복되고 체화되어야만 할 수 있는 것이 있다. 운전이다. 나는 약 5년 전 남들보다 많이 늦은 나이에 운전면허를 취득했다. 워낙 우리나라는 대중교통이 잘 되어 있고, 그동안 그렇게 운전의 많은 필요성을 느끼지 못해서였다. 그 옛날부터 막연하게 자동차를 실제로 운전해야 할 상황이 오면 그때 따자는 생각이 나의 뇌리 속 저변에 깔려 있어 더 늦어지기도 했다. 처음 자동차 운전 학원에서 운전대를 잡던 날, 도대체 액셀 강도 조절은 어찌 해야 하는지 감이 안 왔다. 게다가 핸들은 왜 그렇게 움직여 대는지, 일자로 주행조차 하기 힘들었다. 다행히 주행선은 넘지 않았지만, '요리조리 왔다 갔다' 연신 반복했다.

며칠 후, 도로주행이 있던 날, 시작도 하기 전 온몸이 긴장한 탓에 나의 몸은 이미 땀으로 흥건하게 젖어 있었다. 도로 위는 그야말로 내겐 지옥과도 같았다. 자동차 학원에서 하는 운전과는 차원이 달랐다. '나 운전면허 취득 전인 초보요.'하고 자동차 학원 차량은 노란색으로 온통 도배되어 있었지만, 주위의 차들은 전혀 봐주질 않았다. 게다가 큰 차들이 쌩쌩 지나칠 때는 간이 콩알만 해졌다. 전방 주시해야지, 옆 차선 넘지 않도록 운전대 흔들리지 않게 잡아줘야지, 사이드미러 봐야지, 백미러 봐야지, 방향지시등 켜야지, 꺼야지, 교통 신호 봐야지, 액셀 밟다가 브레이크도 밟아야지… 도대체 어디다 정신을 둬야할지 앞이 캄캄했다. 아무리 세상 경험 많은 사람이라 해도 운전대 앞에선 겸손하게 운전해야만 한다. 그래서 항상 운전대 앞에선 자만하지 않으려 한다.

지금의 나는? 물론, 운전하면서 음악도 듣고 라디오도 듣고,

옆에 있는 사람과 대화도 나누며, 전화통화도 가끔 한다. 물론, 이어폰을 끼고 말이다. 처음 운전 면허증을 손에 쥐고서도 이런 날이 올 줄은 상상조차 할 수 없는 일이었다. 처음엔 음악조차 성가시게 느껴져서, 꺼버리기 일쑤였는데 말이다. 운전 역시 시간과 반복적인 연습이 필요했던 것이다. 물론, 위에서 제시한바와 같이 1만 시간의 법칙에는 비교 되지도 않는 시간의 양이다. 하지만, 어떤 일을 익히고 내 것으로 만들기까지는 고스란히 감당해야 할 시간이 필요하다는 것이다. 그저 날개 짓 몇 번 한다고 바로 하늘 위로 오를 수는 없지 않는가? 땅 위에서 수백, 수만 번의 날개 짓이 전제되어야만 안정적인 비상이 예견되는 것처럼 말이다.

나는 '5초 실행'의 근력으로 이것저것 도전하는 것을 즐긴다. 이제는 근력이 단단해서, 실패했을 때 좌절감도 없다. 그냥 그 실패로부터 또 하나를 배운다고 생각하면 그 뿐이다. 때때로 어떤 이는, 생각으로만 모든 것을 판단하기에 실행도 해보기전에 머릿속으로 '아~ 이렇게 하면 안 될게 뻔해. 그냥 여기서 멈추는 것이 낫겠어.'라고 쉽게 포기한다. 무조건 '하면 된다.'라고 열정만을 심어주려는 것이 아니다. 뭔가를 시도해야 실패든 성공이든 결과가 나온다는 것이다. 실패가 두려워 시작도 하지 않는다면, 당신의 인생은 너무 밋밋하고 재미없는 삶이 되지 않을까?

나는 독특한 이력을 가지고 있다. 실업계 고등학교를 졸업하고 취업 후, 회계분야 일반사무의 일을 하다 대학에 진학하여, 재직 중 4년 동안 학업을 병행했고, 30대 초반에 영국으로 유학을 떠났고, 귀국 후, 베트남 주재원으로 근무를 했었고, 다시 귀국 후, 영어강사로 재직했으며, 외국계 회사에 재직했었고, 현재는 문화센터에서 강사를 하고 있다. 남들이 보기에 다양한 직업을 가졌었다고 생각하시는 분이 많다. 어떻게 한 가지 분야도 아니고, 여러 분야의 다양한 일을 해왔느냐고 질문하신다. 내가 그렇게 다양한 방면의 이력을 가질 수 있게 된 배경에는 역시 '5초 실행'이 있었다. 이 길이다 생각하면, 두 번 생각하지 않고 달렸다. 당시 내겐 그일 밖에 보이지 않았다. 그 일이 아니면 안 된다는 마음으로 전력을 다해 내가 할 수 있는 한 노력을 멈추지 않았다. 그랬었기에 그 결과는 항상 긍정적인 결과를 내게 주었다. 긍정적인 결과라 함은, 각 분야 일에서 퇴사를 결심하고, 상사에게 나의 퇴직 의사를 말씀 드렸을 때마다 감사하게도 항상 퇴직을 만류하고 계속 다닐 것을 종용하셨다. 그럴 때마다 가끔씩 흔들릴 때도 있었지만, 거기에 현혹되지 않고, 내가 가야할 길을 재촉하고 '5초 실행'의 힘으로 또 새로운 길로 나섰다.

'5초 실행'은 하면 할수록 실행의 근력이 생긴다. 특히 물리적인 것은 하면 할수록 느는 것임에는 틀림이 없다. 어불성설일수 있으나, 선 실행, 후 생각이 이상적이다. 생각이 몸을 이기는 것은 생각보다 싶지 않다. 생각은 생각으로 끝나는 경우가 많기 때문이다. 이 핑계 저 핑계를 궁리 끝에 찾아내기 때문이다. 잡다한 생각은 접어둔 채 '5초 실행'을 무조건 해보자. 만들어 놓은 구체적 목표를 몸으로 실행만 하면 된다. 몸이 움직이면 생각도 자연히 따라온다. 실행이 생각을 지배할 수 있는 날, 그런 날이 당신에게도 반드시 온다.

[**5**]
'5초 실행' 근력으로
무한 도전

Insanity : Doing the same thing over and over again and expecting different results.
어제와 똑같이 살면서 다른 미래를 기대하는 것은 정신병 초기증세다.

알버트 아인슈타인

전 세계 각지에 흩어져 있는 유대인의 인구수는 전 세계 인구의 약 0.2%를 차지하는 1500만명 정도다. 우리나라 인구의 채 1/3도 되지 않는 인구수다. 이스라엘의 토지면적 크기도 우리나라 경상북도보다 조금 더 큰 정도다. 그런데 이렇게 소수의 민족에서 노벨상 수상자의 비율은 세계의 22%를 차지할 정도로 어마어마한 수치를 가지고 있는 이유는 무엇일까? 그들은 원래 명석한 두뇌를 가지고 태어난 것일까? 아니다. 명석한 두뇌를 가지고 태어났다기보다, 명석한 두뇌를 가질 수 있게 환경적으로 키워졌다고 하는 것이 더 바람직한 표현일 것이다. 그 배경에는 어려서부터 '토라' 경전을 부모님과 함께 배우고, 암송하는 것과 더불어, 4명 이하의 학생들이 서로 짝을 지어 서로 가르치고 토론하는 '하브루타' 학습법을 어렸을 때부터 해왔고, 이로 인해 토론의 생활화가 자연스런 환경으로 조성된다고 한다. 가정에서부터 부모와 형제, 자매간의 토론의 생활화로 그들만의 창의력을 발산할 수 있는 토대가 어렸을 때부터 형성되어, 성장하면서 생각의 확장을 가져올 수 있는 것이다. 더불어 유대인들의 독서는 단연 교육의 핵심이라 할 수 있다. 그들의 독서량은 실로 엄청나다. 2014년 발표 자료에 의하면, 유대인 연평균 독서량은 64권, 한국은 연평균 10권에 못 미치는 9.1권이다. 7배 가까이 독서량의 차이를 볼 수 있다.

유대인들에게는 일생 중 두 번의 큰 이벤트가 있는데, 하나는 우리나라와 마찬가지로 결혼식이며, 나머지 하나는 성인식이라고 한다. 성인식은 남아 만 13세, 여아 만 12세에 치러지는 것으로, 거리로 나와 행렬을 하면서 동네사람들과 축제를 벌일 정도로 치러지는 큰 행사 중의 하나이다. 그 성인식을 통해, 남아, 여아는 더 이상 부모님에게 의지하지 않고 앞으로 자기 인생을 본인이 책임져야 한다는 메시지를 갖게 된다고 한다. 아버지나 어머니 역시 그동안 갖고 있던 자식에 대한 책임을 성인식을 통해 자식 스스로에게 이양해 주는 셈이다. 우리나라로 치자면 6학년, 중학교 1학년정도 되는 '아직 어린 나이로만 보이는 그들에게 벌써 책임 의식 이라니?'라고 생각할 수 있겠지만, 어렸을 때부터 주어지는 책임의식이 곧 그들의 성장을 가져올 수 있는 계기가 되는 것이다. 성인식이 곧 스스로에 대한 책임의 시작인 것이다. 어려서부터의 스스로에 대한 책임감이 본인의 성공에만 집중하는 삶이 아닌, 가정을 중시하는 삶을 더 소중히 여기고, 더불어 이타적인 마음을 가지고 성장할 수 있도록 도와준다. 이러한 유대인들의 교육철학은 분명 우리가 배워야 하는 많은 장점을 가지고 있다.

이스라엘 언어에 'chutzpah[후츠파]라는 말이 있다. 사전적인 의미는 무례, 뻔뻔, 철면피 따위를 뜻하는 히브리어 낱말이다. 이와 함께, 용기, 배포, 도전성 따위를 뜻하기도 한다. 후츠파는 이스라엘의 독특한 정신문화로서, 권력자 또는 권위자에게 자기 생각을 과감하게 표현하는 용기의 밑바탕이 된다. 또한 자신도 권위와 권력에 안주하지 않고 상대 생각을 잘 들어 보거나 스스로 자만심을 내려놓고 냉철하게 자신을 평가하게 된다. 따라서 후츠파는 끊임없이 쇄신을 일으키는 원동력이 되고 있다.

출처 : 위키백과사전

미국의 경제계를 좌지우지하는 주요 인물들 중 유대인의 비중이 상당히 높다. 우연의 일치라고 치부하기에는 그 수치 또한, 노벨상 수치만큼이나 비율적으로 큰 비중을 차지하고 있다. 그렇게 되기까지는 위에서 언급한바와 같이 탈무드를 비롯한 토라, 하브루타, 독서등에 중점을 둔 교육으로 유대인들의 사고와 시각이 남달라서 일 것이다. 거기에다 용기를 넘어 뻔뻔함과 도전을 일삼을 수 있는 '후츠파'정신이 있기 때문이라고 생각한다. '후츠파' 정신이 있었기에 당시 주인이 있었던 땅을 다시 되찾아 뿌리를 내릴 수 있었고, 불모지의 척박한 땅에 이스라엘을 다시 건국할 수 있었던 것이 아닐까 싶다. 아마도 나라가 없는 설움을 극복한 것도 이 '후츠파' 정신이 있었기에 가능했던 일인 것이다.

이스라엘 첫 과학 부문 노벨상 수상자인 아론 시카노바(Aaron Ciechanover) 테크니온 공대 교수는 '2015 10월 대전 세계과학정상회의'에서 한국에서 노벨상 수상자가 나오지 못하는 이유에 대해 '공손한 문화' 때문이라고 지적했다. "한국이 교육에 많은 투자를 하고 있지만 노벨상 수상자가 안 나오는 것은 문화적 요인 때문이라며, 학생들이 수줍어하며, 기존의 것에 대항하는 것을 별로 하지 않는다. 선생을 존경하라고 하는 문화 때문에 굉장히 학생들이 공손하다." 고 설명했다. 그리고 또 다른 이유로는 실패를 용납하지 않는 문화를 꼬집었다. [출처:뉴스핌 2015.10.19, 김선엽기자] 두 가지 요인의 공통점은 말해주고 있다. '후츠파'정신의 부재를 말이다. 어찌 보면 이 사회의 구조적 문제점일 수도 있다. 선생님을 존경하는 것과 선생님에게 아닌 것을 아니라고 말 할 수 있는 문화를 별개로 봐야 한다. 그리고 어렸을 때부터 적극적인 토론을 통해 수줍음을 없애고 자신감을 키워주어야 한다. 1등만을 중요시 하는 우리 사회의 모순이 1등이 아닌 나머지 모두를 마치 실패자인 것처럼 치부해버린다. 그런 현실에서 우리는 좌절하고 실패를 맛보게 되는 것이다. 이제는 설령 진짜 실패를 했더라도 유대인처럼 실패에 대한 두려움이 없어야 한다. 유대인의 후츠파 정신으로 무장하면, 우리에게도 노벨상 수상자가 머지않아 나올 것이다. 감히 말하고 싶다. '5초 실행'을 '후츠파'정신과 같은 맥락이라고 말이다. 도전의식을 가지고 때로는 실패했어도 뻔뻔함으로, 재도전으로 일관하며, 무한도전의 정신으로 '5초 실행'을 시도하고, 도전하고, 성취해낸다면 '5초 실행'의 근력이 본인이 원하는 목표에 다다를 수 있게 도와 줄 것이다.

Chapter 04

청춘,
'5초 실행'의 힘으로
새로운 인생을 쓴 사람들

하지 못하는 것이 아니라, 하지 않는 것이다.

———

맹자

[1]
'절실함'만이 진정한 실행을
가져올 수 있다
[총각네 야채 CEO – 이영석]

"지금의 이 세상을 누구나 상상할 수는 있었습니다. 하지만 이 세상을 변화시킨 사람은 그 상상을 행동으로 옮긴 사람입니다." 강조하고 강조해도 모자람이 없는 것, 그것은 바로 '행동'이다.

〈인생에 변명하지 마라〉, 이영석

아마도 주위에 이영석 대표의 이름은 잘 몰라도, '총각네 야채'하면 심지어 동네 아주머니들까지도 모르는 분이 없을 것이다. 그렇다. '총각네 야채' 창업주다. 내가 진정으로 존경하는 분 중의 한 분이다. 요즘말로 흙 수저에서 금 수저로 새로운 삶을 살고 계시는 분이다.

머릿속에 있는 목표들을 몸소 실행했고, 지금도 여전히 실행하고 계신 분이기도 하다. 가난하게 태어난 것은 죄가 아니지만, 지금 현재도 가난하게 사는 것은 죄라고 말하는 이영석 대표는 본인의 가난했던 삶을 자식에게 물려주지 않기 위해서라도 어떻게든 그 사슬을 본인이 끊어야 한다고 말한다. 어느 정도 성공한 요즘에도 그는 매일 새벽 4시면 어김없이 가락동 시장으로 향하는 CEO다. '총각네 야채'를 시작하고선 15년 동안 매일 한 결 같이 새벽 1시 15분에 기상해서, 2시 전에 가락동 시장에 도착했다고 한다. 보통 새벽 2시부터 5시 사이에 경매가 있어서, 하나라도 질 좋은 물건을 사기 위해서 말이다. 그것도 무려 15년 동안 하루도 빠짐없이 말이다.

옛말에 '졸음 앞에 장사 없다'는 말이 있다. 그만큼 힘센 천하장사조차도 감기는 눈꺼풀을 어찌하지는 못한다. 특히 새벽잠은 더 그렇다. 그런 면에서 본다면 이미 이영석 대표는 실행의 힘으로 잠의 한계를 어느 정도 뛰어넘은 분이라 생각된다. 아직까지도 하루에 5개의 알람시계를 맞춰놓고 잠자리에 든다고 한다. 이 모든 것이 이영석 대표 왈 '절실함'에서 비롯된 실행들이라 한다. '절실함'이 있어야 성공도 운도 따라오기 마련이다. 그렇다면 여러분은 얼마만큼의 '절실함'을 가지고 있나?

성공은 하고 싶지만, 남들이 누리는 건 다 누리고 싶은 마음. 그 마음이 성공에 대한 절실함보다 더 큰 자리를 차지하고 있는 것이다. 성공하고 싶다면, 뭔가를 이루고 싶다면, 포기해야 할 부분들도 분명히 있다. 아무것도 포기하지 않은 채 이루는 성공은 불가능하다.

〈인생에 변명하지 마라〉, 이영석

누구나 같은 목표를 가지고 있는 것은 분명할 것이다. 개개인마다 어느 정도의 편차는 있겠지만, 지금보다는 좀 더 나은 윤택한 삶을 살고 싶은 마음일 것이다. 그러기 위해서는 앞서 이영석 대표의 말처럼 포기해야 할 것들이 있기 마련이다. 남들이 누리고 있는 것을 보며 당신은 여전히 미련을 버리지 못하고, 그 마음을 포기하지 못했다면 절실함이 덜 하기 때문일 것이다. 성공하기 위해선, 남들 다 가는 휴가도 포기해야 할 것이고, 심지어 주말까지도 반납을 해야 하는 상황이 생길 수도 있다. 하지만, 그래도 포기가 안 되는 부분이 있기 마련일 것이다. 친구도 만나고 싶고, 그 친구들과 맛있는 것도 먹으러 가서이 얘기 저 얘기도 나누고 싶고.... 하지만, 쉽게 떨쳐버리기가힘들다. 당신 주위엔 여러 가지의 유혹과 변명이 도사리고 있기 때문이다. 생각을 좀 달리해보자. 그 만남들을 조금 미룬다고 생각해 보는 것은 어떨까? 예를 들어, 큰 목표가 아닌 작은목표라도, 원하는 목표를 하나든, 둘이든 이루고 난 후 말이다.

이영석 대표는 무보수로 처음엔 생선장사 행상을 따라 다니며 일을 배우기 시작했다. 그는 그렇게 트럭행상을 하는 6년 동안 아예 친구들을 만나지 않았다고 한다. 만나게 되면 자연스레 놀고 싶고, 돈도 쓰게 되니 말이다. 그런 형편을 모르는 친구들은 그런 이영석 대표에게 오히려 섭섭함을 토로했다고 한다. 선택은 자기 몫이다. 친구들이 섭섭해 하든 말든 신경 쓰지않고, 초지일관 내가 하겠다고 하면 그냥 하면 되는 것이다. 그의 이런 성공에 대한 '절실함'이 오롯이 자기 갈 길을 안내해 준 것이다.

이영석이라는 세 글자를 가진 그는 총각네 야채 가게 대표이기 이전에, 한 사람의 인간으로서 많은 것을 생각하게 해준다. 현재 그가 수십, 수백억대의 자산가라서? 아니다. 그의 의지와 끈기를 말하고 싶은 것이다. 남들과는 다른 시각에서의 출발, 그리고 성실함은 기본이요, 실행의 표본이다. 그랬기에 지독할 만큼의 그의 집념이 오늘의 그를 만든 것이다.

현재는 총각네 야채 가게를 필두로 총각네 주스 가게, 온라인 몰을 까지 사업 확장을 했다. 그리고 1998년 대치 본점을 시작으로 야채 가게 점포 확장은 꾸준하게 계속 이어지고 있다. 그의 이런 이야기가 화제가 되어 뮤지컬로 제작되어 공연되기도 했다.

'부자가 되는 고통은 잠깐이지만, 부자가 되지 못하는 고통은 평생 간다. 배우는 고통은 잠깐이지만, 배우지 못하는 고통은 평생 간다.'고 이영석 대표는 말한다. 모두 실행에 근거한 결과이다. 실행하는 동안 고통은 반드시 따르기 마련이다. 그리고 그 고통은 어떠한 방법으로든 달콤한 열매를 가져다준다.

평생 가는 고통보다 잠깐의 고통이 훨씬 낫지 않을까? 이제 실행뿐이다.

'절실함'은 당신을 일어서게 한다.

나는 베트남에서 사직을 한 후, 한국에 와서 많은 고민에 시달렸다. 그때 내 나이 35세, 뭔가 평생 할 수 있는 직업을 찾고 싶었다. 그냥 평범한 오피스워커는 언젠가 퇴직의 시기가 올 것이며, 평생토록 그 직장에서 일 할 수 없을 것이라는 생각을 했기 때문이다. 그래서 생각한 내 인생 제 2의 직업은 영어 강사였다. 유학도 다녀왔고, 어느 정도 베트남에서 영어로 직장 생활을 해 왔기에 두려움 같은 것은 없었다. 다만, 내가 그냥 알고 있는 것을 일상생활에서 사용하는 것과 그 아는 것을 남들에게 어떻게 효율적으로 잘 전달할지가 다르다는 것이 문제였다. 그야말로 강사의 일은 내겐 너무나도 생소하고 낯선 분야였다. 무작정 되고 싶다는 생각뿐이었다. 수강생들에게 어떻게 접근을 할 것이며, 그들과 어떻게 소통을 할 것인지... 그때 나는 완전한 백지상태였다. 그래서 다시 한 번 골똘히 생각을 했다. 무엇부터 시작해야할지를 말이다.

고민 끝에 선택한 것은 국제영어교사자격증(Teaching English to speakers of Other Language : TESOL 과정)에 도전 하는 것이었다. 당시 TESOL 과정으로 유명한 숙명여자 대학교와 성균관 대학교를 지원했다. 떨어질 때를 대비해서 두 군데를 지원했다. 그 당시 나에게는 이 자격증을 따야겠다는 절실함밖에 없었다. 강사로서 방법론적인 스킬을 배워야 했고, 또 그쪽 방면으로 일을 새롭게 시작하기엔 늦은 나이였던 터라, 그 자격증이야말로 내 자신을 어필 해 줄 수 있는 유일한 무기라 믿고 도전을 했다. 시험이 치러지는 당일 그 어느 때보다 떨리는 가슴을 안고 시험장으로 갔다. 어떤 문제가 출제될까 걱정하며 컴퓨터를 통해 나오는 문제를 보기위해 스크린만 뚫어져라 쳐다봤다. 정해진 시간 안에 쓰기(Writing), 말하기(Speaking)시험을 보고 난 후, 교수님들과 직접 면접시험도 봐야 했다. 뭐라고 떠들었는지도 기억조차 나지 않지만, 그룹으로 들어가서 프리토킹을 해야 하는 상황이었던지라, 그저 남들보다 뒤처지지 않기 위해 두서없이 막 떠들었던 기억만이 남아 있다.

운 좋게도 두 대학으로부터 합격소식을 듣게 되었다. 본격적으로 강사의 길을 밟을 수 있는 토대가 마련된 셈이었다. 결국 대학 모교였던 숙명여자 대학교를 선택하고 또다시 늦은 나이의 학생이 되었다. 10대, 20대 때의 학창시절과 달리 30대 만학의 꿈을 가지고 하는 학교생활은 뭔가 사뭇 달랐다. 이를테면, 철든 후에 하는 자기주도 학습이랄까? 이영석 대표의 말처럼 본인이 원하는 절실함이 있어서였을까? 그저 주저함 없이 실행하고 도전을 했던 것이다. 넋 놓고 그냥 있을 순 없었으니 말이다. 절실함이 있으면, 넋 놓고 있을 시간조차 없다. 기왕이 세상에 와서 시작된 내 인생. 무언가에 도전할 때 '절실함'을 가지고 도전한다면 안 될 것은 없다.

당시 아침에는 TESOL 과정 수업을 들으며, 오후에는 초, 중등 대상의 어학원에 입사를 해서 또 다시 이중생활을 하였다. 그렇게 다니기를 몇 달 후, 예기치 못한 교통사고를 당해 우선은 어쩔 수 없이 직장생활부터 중단했다. 마침 TESOL 과정 막바지였고, 과중한 과제로 인해 TESOL 수료 전 또 다시 영어강사의 일에 다시 뛰어 드는 것은 힘들 것 같다는 판단이 서서 학업에만 충실하기로 했다. 하지만, TESOL 수업 역시 나에게 시련을 주었다. 그리 큰 교통사고는 아니었지만, 약 2주간의 수업 불참으로 학과 과목 중 한분의 미국 교수님이 이번학기의 TESOL 수업과정 수료를 다음 학기로 미루는 것이 낫겠다고 말씀 하셨다. 나의 수업 결석 기간에 진행한 수업이 가장 중요한 수업이므로 이번에는 학점을 주지 못할 것 같다고 말씀하셨다. 정말 청천벽력과도 같은 일이었다. 정말 눈물이 왈칵 쏟아졌다. 하지만, 나는 거기서 포기하지 않았다. 다시 교수님을 찾아뵙고, 35세의 제 나이에 더 이상 시간을 계속 허비할 순 없는 입장이라고, 또한 어떻게 하면 그 수업을 대체(Make up)할 수 있는지 여쭤보았지만, 교수님은 때로는 좀 늦게 시작하는 것이 나쁘지만은 않다는 자신의 과거 얘기를 들려주시면서 이번 학기 수료는 힘들 것 같다고만 계속해서 번복하셨다. 이대로 이번학기에 수료를 하지 못하고, 다음 학기로 미룬다면, 1년이란 시간을 고스란히 허비하게 되는 셈이었다. 정말이지, 교통사고를 낸 그 사람이 원망스러웠다.

그렇다고 그렇게 넋을 놓고 있을 순 없었다. 교수님께 이메일을 썼다. 나의 구구절절한 사연을 말이다. 30대 중반의 한국 나이면, 결혼을 해서 자리를 잡았거나, 아니면 안정적인 직장을 다녀야 하는 상황이겠지만, 나는 아직까지 부모님과 함께 살고 있으며, 하루빨리 수료를 해서 새로운 직업전선에 뛰어들어야 된다고 말이다. 얼마 후, 그런 나의 노력이 가상했는지, 교수님께서는 결석 기간에 했던 수업과 같은 맥락으로 각 그룹마다 진행했던 프레젠테이션을 너만의 방식으로 학생들을 모으든지 해서 알아서 비디오로 찍어 제출 하라고 하셨다. 처음엔 앞이 캄캄했지만, 그마저도 나에겐 너무나도 감사한 처사였다. 그래서 같은 반 수업을 듣는 5~6분께 학생역할을 해달라고 협조양해를 부탁드렸고, 원래 그룹과제였지만, 나는 며칠에 걸쳐 오롯이 혼자서 프레젠테이션을 준비해서 그분들을 마치 나의 학생인양 앞에 두고 프레젠테이션을 진행했다. 물론 비디오로 찍어 교수님께 제출했다. 그 절실함 덕분이었는지 모르지만, 다행히 제때에 수료를 할 수 있었다. 나름 내겐 가슴 아팠던(?) 기억이자 절실함을 성취감으로 바꿀 수 있었던 추억이다.

당시 내 삶은 영어강사의 길을 위해서는, 모든 것을 포기할 만큼 절실하고도 절박한 시기였다. 부모님께 손 벌릴 수 없는 35세의 나이, 그동안 벌어 놓았던 돈으로 근근이 내 힘으로 살고는 있었지만, 생활비조차 못 드리는 내 자신이 너무 죄송스럽고 초라하게만 느껴졌다.

나는 이영석 대표가 말하는 절실함이 무엇인지 알고 있다. 왜냐하면 절실함을 가지고 실행을 한 것과, 단지 그냥 남들이 하니까, 나도 해야 된다는 강박관념에 사로잡혀 설렁설렁 한 행동들과는 그 결과들이 차원이 달랐었으니까 말이다.

성공에 대한 '절실함', 목표에 대한 '절실함'으로 무장한 당신의 뇌는 명령한다.

지금 당장 '5초 실행'부터 시작하라고 말이다.

[2]
누구든 처음의 도전과
실행은 힘들다
[중국 인터넷 전자 상거래 사이트 알리바바 CEO - 마윈]

아마존은 세계에서 가장 긴 강이고,
에베레스트는 세계에서 가장 높은 산입니다.
알리바바는 세계에서 가장 부유한 보물창고입니다.

마윈

'알리바바'라는 중국 인터넷 전자 상거래 사이트 회사가 있다. 세계고금을 막론하고 남녀노소 '알리바바'라 하면 어렸을 때 한번쯤은 들어보았을 것이다. 그것은 누구나 알고 있을 법한 '알리바바와 40인의 도둑'이라는 동화 때문일 것이다. 그래서 그런지 '알리바바'라는 회사 이름은 그저 내게 친숙하기만 하다. '알리바바' 창업자인 마윈은 그야말로 동화속의 주문 "열려라. 참깨!"처럼 중국의 전자 상거래 사이트의 새로운 문을 열게 되고 곧 중국을 점령하게 된다. 동화 속 주인공 알리바바처럼 그는 강직함을 가진 사람이었다. 자신의 욕심만을 채우기 바쁜 요즘과 같은 세상에서도 자신만의 강직함을 가지고 한 분야에 집중하였으며, 한 때 적당한 부와 안정된 직장을 가졌음에도 과감하게 그 모든 것을 던지고, 또 다른 도전을 다시 시작하는 실행의 개척자 같은 사람이었다. 거의 불모지다시피한 중국의 인터넷 사업에 발을 들여 현재에 이르기까지 그의 노력은 끝이 없다.

평범한 집안에서 태어난 마윈은 어렸을 때부터 유달리 영어에 대한 갈망이 많아, 12세부터 20살에 이를 때까지 매일 아침 자전거를 타고 무작정 호텔로 가서, 투숙하고 있는 외국인들과 대화를 시도 했다고도 한다. 이 모습 하나만 보아도, 그의 도전 정신으로 무장된 실행력은 실로 대단했다. 그것을 토대로 후에 대학에서도 영어로 수업을 진행할 수 있었고, 현재 CEO로서 사전 준비 없이 어느 때건 막힘없이 영어로 연설이 가능하다고 한다.

옛말에 '유비무환'이라고 평소에 준비해 두면 근심이 없다는 말이 있다. 물론, 당시 마윈은 본인이 관심 있고 그저 즐겨서 영어를 공부했던 것이겠지만, 후일 그가 사업을 하는데 있어서, 영어는 그 어떤 것보다도 큰 힘이 되었으리라 생각된다. 무엇을 하든 초지일관 생각을 생각으로만 머무르게 하지 않고, 실행으로 옮기는 그의 행동이야말로 진정한 승리자인 것이다.

1988년, 중국 개혁개방 10년이 되던 해로, 당시 만해도 대부분의 사람들은 중국 정부에서 정해준 직장에서 일을 하는 경우가 대다수였으며, 마윈 역시 그렇게 항주사범대학 영문학 학사졸업 후 항저우 전자 공업학원(지금의 항저우 전자 과학 기술대학)에서 교사로 직장생활을 시작했다. 그러나 그는 그런 현실에 안주하지 않고, 안정된 직장을 과감히 포기하고, 새로운 일에 도전했고, 첫 번째 사업인 통, 번역 회사와 '차이나페이지'에서 실패의 맛을 보았다. 하지만, 또 다시 도전에 도전을 거듭했기에 지금의 '알리바바'가 탄생하게 된 것이다. 삼수생 시절의 힘들었던 때를 곱씹으며 생각한 것을 생각으로만 머무르게하지 않고, 바로 실행으로 옮기는 추진력과 새로운 변화를 즐겼던 것이 오늘의 결과로 이어졌을지도 모르겠다.

1999년 동료들과 한화 약 8,500만원으로 알리바바를 공동 창업 후, 골드만삭스로부터 500만 달러를 투자 받게 되고, 2000년에는 일본의 빌게이츠라 불리는 소프트뱅크의 손정의 사장에게서 단 6분 만에 2,000만 달러를 투자 받게 되었다고 한다. 2005년에는 야후 차이나를 인수하게 되고, 그 이듬해 이베이는 중국 시장에서 철수 하게 된다. 그리고 2014년에는 뉴욕 주식 시장에 상장하게 되면서 세계 굴지의 기업으로 성장해나간다. 이러한 그의 전적들이 그저 우연의 일치일까? 만약 마윈이 조금은 무모해 보이기까지 한 이런 도전과 시도들을 실행하지 않았다면, 지금의 '알리바바'가 탄생할 수 있었을까? 분명아닐 것이다. 그의 그런 고집스러움으로 지금의 '알리바바'가

건재 할 수 있었고, 세계적인 기업으로 발돋움 해 나갈 수 있었던 것이다.

2015년 11월 11일 중국판 블랙 프라이데이라고 불리는 '광군제[독신자의 날]' 하루 알리바바 매출액이 16조 5천억원이었다고 한다. 미디어에선 중국 하루 매출이 우리나라 며칠에 걸쳐 한 한국판 블랙 프라이데이 매출액보다 몇 십 배나 더 많다고 한다. 거의 미개척지였던 중국의 인터넷 시장을 발 빠르게 선점하여 그의 철학을 고수하며 이끈 덕분에 알리바바의 입지는 더욱 더 확고해졌다. 누구든 아무도 가지 않은 길을 처음으로 도전하고 실행 하기는 힘들다. 하지만, 끈기와 인내의 정신을 가지고 알리바바의 마윈처럼 우직하게 자신만의 갈 길을 남들 신경 쓰지 않고 걸어 나간다면, 때론 그 과정이 많이 힘들고 외롭기도 하겠지만, 반드시 좋은 결과가 기다리고 있을 것이다.

마윈은 "잦은 실패를 두려워 말고 도전하라."고 말한다. 마윈은 학벌이나 외모, 집안의 배경보다 도전정신을 강조한다.

> "나에게 두려움이 무엇이냐고 묻는데, 나는 어떤 두려움도 없다. 나는 인생을 경험이라고 생각한다. 당신이 아무리 대단하여도 일생은 3만 6천일의 여정이다. 이 세상에 돈 벌러 온 것도 아니고, 기업을 이루려고 온 것도 아니다. 인생을 즐기러 온 것이다. 고통스러운 경험도 경험이다. 그러나 똑똑히 보면 별것 아니다. 이 세상을 떠날 때는 후회가 없어야 한다. 만일 사회가 많은 일을 하도록 기회를 준다면 그것을 즐겨라."
>
> 마윈

두려워하지 말고 그저 한번 해보는 것이다. 살다보면 때론 실패도 좌절도 있을 수 있다. 그것도 경험이다. 달리 해석하면, 실패도 하나의 성과이기도 하다. 실패를 통해서 새로운 배움이 생겨나니까 말이다. 그 배움으로 같은 과오는 반복하지 않게 되니 말이다. 무념무상으로 '5초 실행'을 무작정 한다. 앞서 '선실행 후사고'라고 했다. 내 몸이 움직이기 시작하면, 나의 뇌는 내 몸에 맞게 맞장단을 쳐준다. 더 이상 생각을 생각만으로 머무르게 하지 말자. 소파에서 일으켜지지 않는 몸, '일어나야지… 일어나야지…' 생각만으론 절대 일으킬 수 없다. '5초 실행'으로 그 자리를 먼저 박차고 나와야 무엇이든 하기 시작한다.

누구든 처음의 도전은 쉽지 않다. 게다가 그 결과가 실패로 다가올 때는 더더욱 다시 도전하기가 힘들다. 끈기 있게 '5초 실행'을 모티브로 삼아 도전을 거듭하자. 그리고 마원의 말처럼 인생을 경험하고, 즐기다 보면 값진 결과가 뒤따를 것이다. 그저 경험하고 즐긴다 생각하자.

[**3**]
끝까지 꿈을 포기하지만 않으면
현실이 된다
[영국 팝페라 가수 – 폴 로버트 포츠]

살다보면 어떤 것을 포기할 수밖에 없는 상황이 오기도 하죠. 중요한 것은 포기하지 않는 것이 아니라, 포기를 하더라도 다시 시작하는 거예요.

폴 포츠, MBC 휴먼다큐 사람이 좋다. 178회 중

될 때까지, 끝까지 자신의 꿈을 견고히 하며, 자신만의 소신을 가지고 꿈을 키워 간다는 것이 사실 이 현실에서 쉬운 일만은 아니다. 현실에서 꿈만을 쫓기에는 난관에 봉착하는 일이 참으로 많다. 내가 오롯이 꿈을 좇는 동안 꿈에만 올인할 수 있도록 가장 기본적인 의식주를 누군가 해결해 줄 수 있느냐부터가 관건이다. 무턱대고 부모만을 의지할 수도 없다. 어느 정도 성인의 연령에 이르렀는데, 부모님께 의지만 할 수 없는 노릇이기 때문이다. 그 끝이 반드시 성공이라는 결실로 매듭지어진다면, 세상 어떤 사람도 기꺼이 그 시간을 인고하며 참아 낼 수 있겠지만, 그 또한 보장할 수도 없다. 될 때까지 꿈을 좇 으라고 하기엔 세상사의 삶이 녹록치만은 않기 때문이다. 그래 서 대부분의 사람들은 자신의 꿈을 고수하다 마지막에 결국 생 계의 벽에 가로막혀 자신의 꿈을 포기하게 된다. 때론 재능이 있음에도 결국 포기해야하는 상황에 놓이는 경우도 허다하게 많다.

여기에 이 모든 역경을 이겨내고 자신의 꿈을 뒤늦게 이룬 사람이 있다. 그의 이름 폴 로버트 포츠, 휴대폰 판매원에서 일약 세계적인 팝페라 가수가 된 장본인이다. 그는 오디션 프 로그램 중 하나인 영국ITV 방송 2007년 '브리튼즈 갓 탤런트' 의 1회 우승자이다. 그야말로 인생역전의 주인공이다. 그가 성 악을 제대로 배웠을까? 아니다. 13살 무렵 호세 카레라스의 '라보엠'을 접한 뒤부터 본격적으로 오페라에 빠져 살았다고 한다. 내성적인 성격으로 그는 늘 어려서부터 오페라 가수의 꿈을 혼자만 간직하고 살아왔다. 학창시절 친구들에게 프랑켄 슈타인이라며 놀림을 받기도 했고, 친구에게 맞기도 하고, 왕 따를 당했던 학생이기도 했다. 그에겐 팝페라 가수가 되기까 지 많은 악재들이 있었다. 휴대폰 판매원을 하며 모은 돈으로 파바로티가 있는 이탈리아 베니스 오페라 학교에 잠깐 다녔지 만, 결국 자신감 부족으로 이렇다할만한 성과를 이루지 못하 고, 다시 본업인 휴대폰 판매원으로 되돌아온다. 그렇게 일상으로 돌아와 결혼한다. 하지만, 결혼 한지 얼마 되지 않아, 맹장수술에 갑상선 종양까지 병마들이 찾아온다. 특히 갑상선 종양으로 더 이상 노래할 수 없다 포기하고 살았던 폴포츠에게는 더 이상의 꿈도 희망도 없는 나날이었다. 설상가상으로 교통사고까지 당해 근 2년을 꼼짝없이 병상에 누워 지내야만 했다. 폴포츠에게 남아있는 건 그저 공과금 고지서와 밀린 집세뿐이었다. 그러다 다시 휴대폰 판매원으로 복직을 하게 되고, 우연찮게 일반인을 대상으로 하는 오디션인 '브리튼즈 갓 탤런트[Britains got talent]'에 참가하게 되어 드디어 그의 꿈을 이루게 된 것이다. 당시 허름한 옷차림에 약간은 어눌해 보이기까지 한 모습을 하고 오디션에 등장한 폴포츠, 아무도 그에게 관심을 보이지 않았다. 그 어떤 기대도 없었다. 심사위원도, 관중도 말이다. 게다가 그가 하겠다고 한 분야는 오페라였다. 하지만, '투란도트'의 아리아 '공주는 잠 못 이루고'를 한 소절 부르자, 이내 분위기는 바뀌었다. 심사위원 중 한 명인 사이먼이 관심을 보이기 시작하더니, 나머지 심사위원들의 표정도 바뀌기 시작했고, 노래를 거듭할수록 관중들의 반응은 그야말로 폭발적으로 바뀌었다. 심사위원을 포함하여, 그 감동에 벅차 눈물을 흘리는 관객들도 많았다. 아마도 그의 우승의 비결은 이렇게 예상치 못한 상황에서의 감동을 선사한데 있지 않을까 싶다. 우승자가 된 이후 그가 발매한 첫 데뷔앨범은 500만장 이상 팔렸다고 한다.

그는 현재 전세계를 누비며 팝페라 가수로 사랑받고 있다. 일부 전문 성악가들 입장에선 폴포츠의 실력을 팝페라에 가깝다 생각하며 오페라 쪽에서는 인정해주지 않는 분위기도 없지 않아 있다고 한다. 그것은 어렸을 때부터 제대로 된 발성법을 배우지 않고 스스로 독학했기 때문이다. 하지만, 분명한 것은 그의 목소리는 많은 대중들의 가슴에 감동을 안겨주었고, 9년째인 지금까지도 꾸준히 사랑받고 있다. 중요한 것은 그는 그냥 그 자리에만 머물러 있지 않는다는 것이다. 꾸준히 전문 성악가로부터 레슨도 받으며, 공연을 해 나간다는 것이다. 우리나라에도 내한을 자주하는 폴포츠는 '아름다운 금강산'이라는 우리 가곡을 스스로 한글을 공부하며 한국어로 불러주기도 하는 노력파 팝페라 가수이다.

> if you can meet with Triumph and Disaster,
> And treat those two imposters just the same.
>
> '만약 승리와 재앙을 만나고도 이 두 협잡꾼을 똑같이 대해라.'
>
> **영국 소설가/시인 조셉 러디어드 키플링 시 'if'중 일부 발췌**

소설가이자 시인인 키플링의 시 'If'중 일부분이다. 폴포츠가 어렸을 때부터 자신의 좌우명처럼 여기고 살았던 시의 한 구절이라고 한다. 즉 폴포츠는 "언제나 자신의 본 모습에 충실해야 합니다. 승리와 절망은 실체가 없고 우리가 겪는 과정일 뿐이기 때문입니다. 그리고 그것들에 영향을 받으면 안 된다고 생각합니다."라고 말하며, 본인의 삶에 충실해야 한다고 말한다. [출처 : 2014년 3월 2일 JTBC 일요초대석] 그의 면모를 볼 수 있는 대목이다. 하루아침에 휴대폰 판매원에서 일약 스타 팝페라 가수의 삶으로 바뀌었지만, 그의 삶에서 그의 좌우명은 절대 변하지 않는다고 말한다. 경제적인 면에서 아주 많은 것들이 바뀌었겠지만, 그의 생각, 행동들은 예전 그대로라고 말한다.

'자기가 하고 싶은 것 다 하면서 사는 사람이 몇 명이나 있겠어?...' 어찌 보면 우리는 이런 식으로 스스로를 위안 하며, 자기가 하고 싶은 일을 그냥 놔 버리는 경우가 대부분이다. 현실을 그냥 모른 체 하고 살 수 없기 때문이다. 소위 말해 이 사회가 말하는 사람구실이라는 것을 하려면, 경제 활동을 하지 않고 그저 꿈에만 매달려 무위도식 할 수 없으니 말이다. 폴포츠도 같은 상황이었다. 밀려있는 공과금 고지서와 밀려있는 집세로 힘들어 하면서 살았지만, 결코 그는 그의 꿈을 접지는 않았다. 언제나 한쪽 마음에 그의 꿈을 고이 간직하고 품어 왔던 것이다. 그리고 남들과 같은 일상생활을 하며, 그가 할 수 있는 한 최선의 방식으로 그의 삶을 이끌어 간 것이다. 그리고 마침내 적시의 기회가 왔을 때 망설임 없이 낚아챈 것이다. 그렇다. 그의 삶에서 역시나 빠질 수 없었던 것은 실행의 힘이었다. 그가 어렸을 때부터 부단히 오페라를 들으며 연습하지 않았다면? 그가 한 때 자신의 전 재산을 털어 이탈리아로 가서 잠깐이나

마, 음악공부를 하지 않았다면? 그가 병마에 모든 것을 포기하고 그저 운명이라 받아들이고 살았다면? 그리고, 만약 그가 오디션 신청서를 쓰지 않았더라면? 그동안 폴포츠는 '브리튼즈 갓 탤런트[Britains got talent]'의 우승자가 될 수 있는 일련의 작은 실행들을 해왔던 것이다. 그동안의 그 실행들이 엮여져 팝페라 가수가 될 수 있었던 것이다. 이 모든 실행의 시작에는 항상 '5초 실행'이라는 시발점이 있다. '5초 실행'의 첫 단계인 일어서는 단계 없이는 그 어떤 실행을 하는 것은 불가능하다. 그랬기에 폴포츠 역시 그동안의 모든 실행들이 모아져, 비로소 오디션 우승자라는 빛나는 결과물로 산출되었고, 그는 그야말로 인생역전의 주인공이 되어 전혀 다른 새로운 삶을 살아가고 있는 것이다.

> 당신이 지금 달린다면 패배할 가능성이 있다.
> 하지만 당신이 달리지 않는다면 당신은 이미 진 것이다.
>
> **미국 44대 대통령 버락 오바마**

[4]
인생에 쉬운 길은 없다,
실행이 최우선이다
[미국 방송인 – 오프라윈프리]

There's no easy way out. If there were, I would have bought it. And believe me, it would be one of my favorite things!

쉽게 빠져나가는 방법은 없다. 있었다면 그 방법을 썼을 거다. 정말이지, 그런 방법은 내가 가장 좋아하는 것 중 하나일 것이다!

오프라윈프리

　세계에서 가장 영향력 있는 유명인사 중 거의 해마다 등장하는 인물 중 한사람이 바로 오프라윈프리다. 그녀의 어떤 면이 전 세계인을 열광시키고, 그들에게 영향력까지 줄 수 있는 인물로 자리매김 할 수 있었던 것일까?

　1986년부터 2011년 5월까지 미국 CBS-TV에서 '오프라 윈프리 쇼'를 25년간 5,000여회 진행하면서, 미국 내 시청자만 2,200만 명에 달하고 세계 140여 개국에서 방영되었으며, 그로인해 그녀는 '토크쇼의 여왕' 반열에 올랐다. 유난히도 그녀에게는 여성흑인 최초라는 수식어가 많이 따라 다닌다. 10대 때 흑인 최초 '미스 불조심', 1971년 '미스 블랙 테네시', '미스 블랙 내쉬빌'에 선발된다. 그녀는 자신의 외모가 뛰어나서 미스 선발 대회를 모두 휩쓸었다고 생각하지 않는다고 했다. 그저 자신의 재치 덕분에 뽑혔다고 그때를 회상한다. 그리고 흑인최초 '보그(Vogue)' 잡지 패션모델, 대규모 스튜디오 시설을 소유한 첫 번째 흑인, 흑인 여성 최초 10억 달러 이상의 부자 중 한 사람으로 포브스로부터 지목되기도 했다.

'오프라이즘(Oprahism)'이라는 신조어까지 나올 정도로 그녀의 영향력은 실로 대단하다. '오프라이즘(Oprahism)'이란 '내가 어떻게 생각하고, 행동하느냐에 따라 내 미래를 결정짓는다.'라고 오프라윈프리의 인생 성공기를 한마디로 요약한 것이다. 그도 그럴 것이 그녀의 유년기 삶은 순탄치만은 않았다. 9살 때부터 사촌오빠와 친척 아저씨한테 성폭행을 당했고, 사춘기 때 방탕한 생활을 했으며, 그로인해 14살 때 오프라윈프리는 사생아를 낳기도 했었다. 그리고 20대 초반에는 마약에까지 손을 댔었다. 남들에게 얘기하기 쉽지 않은 자신의 과거를 그녀는 그녀가 진행하는 방송 중 폭로한다. 일부에서는 시청률을 끌어올리기 위한 쇼라는 얘기까지 들었으나, 그것은 오프라윈프리만의 방식이었을 것이다. 그것은 그녀가 방청객과 소통하며, 공감하는 과정 중에 자연스럽게 나온 자신의 아픈 과거 상처였던 것이다. 그런 그녀의 상처를 숨기기보다는 방청객과 아픔을 공유하며 승화시킨 것이었다. 그리고 그런 그녀의 진심이 시청자들한테 전해졌던 것이고, 그녀의 토크쇼가 제대로 승승장구 할 수 있었던 것이다.

그녀는 짜인 대본에 의한 진행을 하지 않기로 유명하다. 그날의 컨디션에 따라 진행하는 것이고, 대본에 써진 대로 화답이 오가는 것은 그야말로 각본에 짜인 것이며, 진정한 대화가 오갈 수 없기 때문이라고 한다. 가끔은 실수 할 때도 있지만, 시청자들은 그녀의 그런 자연스런 모습을 좋아하고 열광하는 것이다. 그런 노력은 그녀에게 애미상의 탁월한 토크쇼 진행자 부문상을 몇 차례 가져다주기도 했다. 그녀의 도전은 끝나지 않았다. 하포 프로덕션이라는 회사를 설립하고 그녀만의 스튜디오를 만들었고, 또한 2011년 1월 자신의 하포 주식회사에서 디스커버리 채널과 합작 투자한 케이블 채널 '오프라 윈프리 네트워크(OWN)'를 설립하기도 했다. 2012년 1월부터는 OWN에서 '오프라 넥스트 챕터(Oprah's Next Chapter)'라는 새로운 토크쇼의 진행자로 나섰다. 그녀는 종횡무진 영화산업에도 진출하여, 디즈니랜드와 사업 계약도 하며, 영화배우 오프라윈프리로 영화계에 발을 들여 놓기도 했다.

그 어느 누구보다도 힘든 유년 시절을 보낸 그녀는 어떻게 그렇게 좌절의 시기를 극복하고 성공할 수 있었을까? 그녀의 뒤에는 아버지의 조력이 컸다고 한다. 방황하고 있던 그녀를 어머니는 청소년 보호시설에 보내려고까지 했었다. 한때 불장난으로 낳은 오프라윈프리를 그녀의 아버지가 받아준 것이다. 그녀의 인생관에 대해 묻자, "저는 이 순간을 위해서 살고, 오늘 할 수 있는 최선의 일을 하며 살자고 생각하는 사람입니다. 저는 앞으로 1년, 2년, 10년 후에 무슨 일이 일어날지에 대해서는 생각하지 않아요. 모르죠. 전 정말로 오늘 일을 걱정할 뿐입니다."라고 답했다.

그렇다. 그녀는 매일 매 순간을 열심히 살아왔다. 그랬기에 그 매일이 모여 1년, 2년, 10년이 만들어진 것이다. 힘든 과거에 연연하지 않고, 자신이 할 수 있는 최선을 다 하면서 말이다. 또한 그녀의 인생에서 없어서는 안 될 것이 있었다. 그것은 책이다. 그녀의 힘든 과거를 극복하는데 일조한 것은 그동안 한시도 손에서 책을 놓지 않았기 때문이기도 하다. 만약 자신의 어두운 과거에서 벗어나지 못하고, 그저 그 암울하고 힘들었던 현실에 순응하며 살았다면, 지금의 빛나는 영광은 결코 그녀에게 올 수 없었을 것이다. 손을 내밀고, 발을 내 딛었기 때문이다. 실행의 위력이 그녀에게 나타난 것이다.

> Every time you state what you want or believe, you're the first to hear it. It's a message to both you and others about what you think is possible. Don't put a ceiling on yourself.
>
> 당신이 바라거나 믿는 바를 말할 때마다, 그것을 가장 먼저 듣는 사람은 당신이다. 그것은 당신이 가능하다고 믿는 것에 대해 당신과 다른 사람 모두를 향한 메시지다. 스스로에 한계를 두지 마라.
>
> 오프라윈프리

　인생에 결코 쉬운 길은 없다. 있다면 너도 나도 그 어려운 길로 갈 필요조차 없을 것이다. 그렇기에 인생의 험난한 길을 지나고 나면 더 보람되고 뿌듯함을 느끼며 살아있음에 더 감사하게 되는 것이다. 진심의 마음을 담아 한 발 내딛고 손을 뻗는 실행을 시작해 보는 것이다. 그 누구도 모른다. 오늘의 실행으로 후일 내 앞 날에도 오프라윈프리와 같은 영광의 삶이 펼쳐지는 날이 올 수도 있다. '5초 실행' 지금 당장 시작하는 것이 성공의 시발점이 되는 것이다.

> "현재의 모습이 어떻던, 출신 배경이 어떻던, 여러분은 여러분 자신의 삶에 변화를 일으킬 힘이 있습니다. 바로 여러분 자신에게 책임이 있습니다. 여러분은 그 힘을 가지고 있습니다. 바로 지금 여기에서 시작할 수 있는..."
>
> 오프라 윈프리

[5]

나누는 삶을 실행으로 이룬
값진 성공
[이삭토스트 CEO – 김하경]

'노력하지 않고 버는 돈은 돈이 아니다.'

이삭토스트 CEO 김하경

길거리에서 쉽게 사먹을 수 있는 토스트 한 조각, 그 빵 한 조각에 무슨 철학이 있을까? 그냥 허기진 한 끼 때우면 그만 아닌가? 가끔 길거리를 지나다 '이삭토스트' 가게를 지나칠 때 가 있었다. 그리고 때때로 그곳에 들러 햄치즈 토스트, 야채 토스트를 사먹은 적도 종종 있었다. 그렇게 쉽게 생각할 수 있는 식빵 한 조각에도 '최고'라는 철학을 가지고 접근한 사람이 있었다. 그 사람은 바로 이삭토스트의 창업자인 김하경 CEO다. 2014년 마카오 해외 시장 진출과 함께 현재 700여개의 이삭토스트 프렌차이즈 가맹점을 가진 CEO이기도 하다. 1, 2천원의 토스트 빵 한 조각에도 최고의 재료만을 고집했던 철학이 있었기에 오늘의 그녀가 있을 수 있었다.

남편의 발병으로 시작한 조그만 토스트 가게가 프렌차이즈 사업으로 성공을 이루기까지 그동안 그녀의 삶이 그리 녹녹치만은 않았으리라 미루어 짐작할 수 있다. 노점의 토스트가게를 시작으로, 500만원의 보증금에 약 2평짜리 가게에서 아침 7시부터 새벽 1시까지 영업을 했다고 한다. 한때 매일 200만원의 매출을 올리기도 했던 그녀의 첫 토스트가게, 하지만 남편의 쾌유와 함께 한 치의 미련 없이 토스트가게를 접었다고 한다. 그러다 주위에 힘들게 사는 분을 보며 안타까워, 자신이 한때 했던 토스트 가게의 레시피를 포함한 노하우를 가르쳐 주면서 토스트 프렌차이즈 사업을 시작하게 되었다.

통상적으로 프렌차이즈 가맹점을 내기 위해서는 가맹비, 본사보증금, 로열티, 인테리어 비용, 기기장비 등 지불해야 할 비용이 상당하다. 하지만, 초창기에 이삭토스트는 그녀만의 철학으로 어렵게 사는 분들에게만 가맹점을 내어주며, 가맹비를 일체 받지 않고, 나머지 비용도 저렴한 선에서 가맹점을 내주었다고 한다. 사실, 나는 기독교인 그녀의 신앙적인 철학은 잘 모른다. 하지만, 그녀의 성공 뒤에는 많은 실행들이 있었기에 오늘의 그녀가 있을 수 있었다고 자신 있게 말할 수 있다. 그저 주위에서 쉽게 볼 수 있는 50대 중반의 평범한 주부로 살 수도 있었다. 하지만, 이제 그녀는 한 회사의 멋진 CEO이다. "노력하지 않고 버는 돈은 돈이 아니다."라는 그녀의 말에서 그녀만의 철학을 엿볼 수 있다. 땀 흘리지 않고 번 돈은 돈이 아니라는 것이다. 그녀는 그것으로 만족하지 않았다. 2014년에는 마카오 해외 시장 진출까지 성사시켰다. 1, 2천원짜리 토스트로 일궈낸 장사치고 정말 대단하지 않은가! 중소기업청과 소상공인시장진흥공단이 주최하는 2014년 우수 프랜차이즈로도 선정되었으며, 김하경 대표는 2014 대한민국을 빛낸 아름다운 한국인에게 수여되는 최고권위의 상인 대한민국 세종대왕 나눔 봉사대상 중 '대한국인상'을 수상하였다고 한다.

우리 대부분은 현재의 편안함에 그저 안주하며 살게 된다. 때때로 욕심이 생겨 무언가 해보고 싶은 생각이 들기도 하지만, 새로운 것을 시작하는 것이 쉽지만은 않다. 새로운 것에 도전하려면, 많은 생각과 동시에 실행이 필요하기 때문이다. 우리 주위에는 생각과 실행을 귀찮게만 여기는 사람이 있는 반면, 실패해도 다시 도전하여 실행하는 사람이 있다. 이삭토스트의 김하경 CEO는 후자에 해당한다. 힘들게 사는 분을 그냥 지나칠 수도 있었지만, 발 벗고 나서서 도와주게 되었고, 도와주는 과정에서 이삭토스트의 사업을 전개할 수 있었던 것이다. 선한 마음에서 도와줄 수도 있다. 그리고 거기서 끝날 수도 있다. 하지만, 그녀는 좀 더 큰 숲을 보고 프렌차이즈 사업으로 확장시켜 나갈 수 있었던 것이다. 그녀의 도전과 실행이 그저 선행심이 우러나와 도와주는 것에만 그쳤다면 지금의 이삭토스트도 없었을 것이다. 그녀도 처음에는 '5초 실행'의 일련의 과정이 있었기에, 그리고 그 작은 실행들이 모여서 큰 실행으로 가능했던 일일 것이다.

지금 당장 일어서자. → 지금 당장 발을 움직이자. → 지금 당장 손을 움직이자. → 지금 당장 펜을 쥐자. → 지금 당장 책을 잡자.

지금 당장 '5초 실행'을 상기하자. 그래야 일어서고, 발을 움직이고, 손을 움직여, 펜도 쥐고, 책도 잡을 수 있다. 손, 발을 절대 허투루 놀리면 안 되는 것이다. 나누는 삶을 현실에서 실행했기에 이토록 값진 성공이 그녀에게 온 것이다. 우리 역시 나누는 삶을 실천한다면, 더할 나위 없이 좋겠지만, 우선 나부터 돌아보자. 그래야 지금 당장 일어설 수 있을 테니 말이다.

청춘,
'5초 실행' 기적의 프로젝트
7법칙
[생각 따윈 필요 없다. 그저 하면 된다.]

Success is neither magical nor mysterious.
Success is the natural consequence of consistently
applying the basic fundamentals.

성공은 마법도 신비도 아니다.
성공은 지속적인 기본 원칙 적용의
자연스런 결과다.

———

미국 기업가, 동기부여가, 베스트셀러 짐론

'5초 실행'은 처음 실행을 시작할 때 그다지 큰 부담 없이 시작할 수 있다. 하지만, 시간이 지날수록 '5초 실행'의 한계를 느낄 수 있다. 말 그대로 가볍게 시동은 걸었지만, 점점 지속성이 떨어지고 있는 느낌이 들며, 이것을 계속 유지해 나가려면 매일 '5초 실행'만 할 수는 없다. 별다른 준비 없이, 부담 없이 시작할 수 있는 장점을 갖고 있는 반면, 지속성에 대한 의문점이 들기 시작한다. 그래서 어떻게 하면 '5초 실행'을 좀 더 늘려서 나의 것으로 만들 수 있을까 고민하게 된다. 그 해결점은 바로 다음의 '5초 실행' 기적의 포르젝트 7법칙을 일상의 생활화로 만드는 것이다. 물론, 시작은 '5초 실행'이 늘 도와 줄 것이다. '5초 실행'의 반복으로 7법칙을 내 것으로 만들게 되면, 단지 5초에만 머무르는 것이 아닌, 24시간, 86,400초 하루를 온전히 나의 것으로 만들 수 있다. 그리하면, 매일의 86,400초를 헛되이 쓰지 않고, 하루하루를 실행으로 완성할 수 있다.

[1]
책읽기에 시간을 투자하라

책을 읽고 생각만 하는 건 소용없다. 책을 읽었으면 행동으로 옮겨야 한다. 책에서 나오는 말들, 어쩌면 우리가 모두 알고 있는 이야기일 수도 있다. 하지만 정작 우리가 그렇게 살지 못해서 자꾸 책 속에서 답을 찾으려 하는 것인지도 모른다.

〈인생에 변명하지 마라〉, 이영석

"책 정말 읽고 싶지만, 도무지 책을 읽을 시간이 없어요." 볼 멘소리로 많이들 이야기 한다. 이 책을 읽는 여러분들 역시 이 말에 호응할 것이다. 먹고 사느라, 직장 다니랴, 공부하랴.... 우리들 일상이 늘 바쁨의 연속이기에 정작 한가로이 앉아, 책 한권 펴 들을 시간이 없다는 것이다. 즉, 책의 중요성은 알겠는데, 정작 시간이 없다는 것이다. 나도 충분히 이해간다. 나도 늘 그래왔었으니까 말이다. 그런데 우리가 간과하고 있는 것이 하나 있다. 책을 읽을 때, 반드시 1시간이든 2시간이든 여유 시간이 있을 때 만 가능하다고 생각하는, 그것 말이다. 우선, 그 생각부터 버리자.

유명 인사들은 책을 늘 가까이 하기로 유명하다. 그분들은 우리보다 시간의 여유가 많아서일까? 절대적으로 아닐 것이다. 오히려 그분들은 우리보다 시간의 빈곤을 더 많이 체감하며 살 것이다. 그렇다면 그분들은 어떤 시간에 책을 읽을까? 대부분은 남들 자고 있는 시각이다. 그러니까, 새벽 혹은 늦은 밤이다. 어쩜 그렇게 그분들은 하나같이 모두 다 부지런 하신 분들인지 모르겠다. 그분들은 잠도 겨우 3~4시간 잔다고 하니 말이다. 그랬기에 현재 유명 인사가 돼서, 지금의 그 자리를 굳건히 지키고 계신지도 모르겠다.

우리도 그분들처럼 성공하고자 한다면, 아침잠을 줄여서라도, 밤잠을 줄여서라도 책 읽을 시간부터 마련해야 할 것이다. 그것만이 내 인생을 좀 더 찰기 가득한 한 그릇의 밥과 영양가 넘치는 풍성한 밥상으로 만들 수 있을 것이다. 사실, 남들 다 자는 시간을 활용하는 것이야말로 진정한 승리자일 것이다. 하지만, 그것이 그렇게 쉽다면, 누구나 다 그렇게 할 것이다. '아침에 일찍 일어날 수 있다면야….'말이다.

늦은 밤 귀가해서 굳은 결심과 함께 책을 편다. 낮에는 학업에 치이고, 직장에 치이고, 몸은 점점 노곤 노곤해진다. 그 다음은 연신 머리를 책에다 조아리게 된다. '내일 새벽에 일찍 일어나서 읽으면 되지. 뭐...' 그리고선, 내일 새벽을 기약하게 된다. 그리고 다음날 맞춰놓은 알람은 새벽부터 울어 재낀다. 작심한 첫날이라, 가까스로 알람을 끄고 일어나긴 했지만, 책을 붙잡고만 있지, 무슨 내용인지 도통 머리에 들어오질 않는다. 또 다시 졸음이 몰려온다. 그러다 시간은 어느덧 흘러 책은 뒷전으로 내팽개치고 부랴부랴 학교로, 회사로 발걸음을 재촉하게 된다. 나 또한 수도 없이 겪었던 시행착오의 기억들이다. 비단 이것이 나만의 해프닝이 아닌, 누구나 한 번쯤은 있는 기억일 꺼라 생각한다. 아니, 한 번쯤이 아니라... 지금도 매일의 아침과 사투가 비일비재하고, 또 다시 결심하고, 결심하고.... 그야말로 재도전의 반복인 것이다.

자, 그렇다면 제대로 수확 한번 얻지 못하고 자괴감마저 들게 하는 이 힘든 과정을 굳이 반복해야 할 필요가 있을까? 해야만 한다. 분명 그런 시도는 필요하다. 그것이 성공이든 실패든 무엇인가에 도전하는 우리의 자세는 반드시 있어야만 한다. 다만, 좀 더 실용적인 면을 생각해 볼 필요가 있다. 요즘 대세로 떠오르는 자투리 시간을 활용하는 것이다. 이 책의 저자로서 이렇다 할 만 하게 획기적이고 반가운 해결책을 제시해 주지 못한 것 같아 내심 미안한 생각이 들지만, 그것만이 위와 같은 폐해를 반복하지 않고, 책을 가까이 할 수 있는 방법임에는 틀림없다.

전 안철수 연구소 대표이자, 현 국회의원 안철수 의원은 과거에 독서를 하는데 있어서 책의 종류가 여럿 있었다고 한다. 시간의 여유가 있을 때 읽는 책, 자투리 시간을 이용하여 읽는 책 등 말이다. 심지어 엘리베이터 기다릴 때 읽는 책도 있다고 한다. 조금의 자투리 시간도 낭비하지 않는 생활 습관인 것이다. 나 또한 처음 그 얘기를 듣고 무척이나 놀랐다. 엘리베이터 기다리는 시간은 길어봐야 고작 3분이 채 안 되는 시간인데 말이다. 그렇다면, 여기서 구체적으로 생각을 해 볼 필요가 있다. 보통사람이 3분 동안 읽을 수 있는 책의 양은 쉽게 읽히는 평범한 책을 기준으로 3~4쪽 정도라고 가정을 해보자. 그리고 책의 구성은 250여 페이지로 가정하자. 250페이지를 평균 3.5페이지로 나누어 본다면, 약 72회의 3분이 필요 하다. 그러면 전체 소요 시간은 216분으로, 대략 3.6시간에 걸쳐 읽을 수 있는 책이 된다. 엘리베이터를 하루에 대략 왕복 6회 정도를 탄다고 가정하면, 약 12일에 걸쳐 책 한권을 읽을 수 있게 된다. 4시간 여를 오롯이 앉아 투자하지 않고도, 엘리베이터 기다리는 자투리 시간만으로도 12일이면 한권의 책을 충분히 읽을 수 있다는 것이다. 보통 사람의 기준으로 12일이 소요 된다는 것이지, 이미 책벌레인 사람들은 엘리베이터 자투리 시간만으로도 3~4일이면 충분히 읽을 수 있을 것이다. 실로 놀랍지 않은가? 자투리 시간이라고 절대 우습게 봐서는 안 된다.

일상적으로 가장 최적의 시간대로 활용할 수 있는 때는 아침,

저녁 등하교길, 출퇴근길이다. 요즘 지하철이나 버스를 타면 대부분의 사람들은 마치 스마트폰에 중독된 사람들처럼 일제히 폰만 바라보고 있다. 물론, 세상사도 중요하지만, 내 지식 혹은 교양의 목마름과 그 이상을 채워 주는 것도 중요하다. 독서의 목적이 지식이나 교양의 수용만으로 머물러서는 안 된다. 책을 통해서 세상을 바라보는 시각이나 관점을 다각화해야 한다. 말하자면, 본인의 소양을 확장해 가는 것이 더 적합하다고 봐야 할 것이다.

점심시간 이후의 자투리 시간을 활용하는 것이다. 때때로 친구들이나 동료들과의 대화로 세상 돌아가는 얘기도 공유하고, 스트레스 해소 차원의 수다도 필요하다. 하지만, 매일을 그렇게 같은 일상으로 보내기보다, 일주일에 3회 정도는 오롯이 자신을 위한 시간을 만들어 보는 것이다. 30분 점심식사하고, 나머지 30분을 책읽기에 투자하는 것 정도는 내 미래를 위해 충분히 투자할 수 있는 시간이라고 생각한다. 점심시간의 30분독서가 나의 1년 후, 10년 후를 바꿀 수 있다는 것을 명심하길 바란다.

혹자는 그렇게까지 해서 책을 굳이 읽어야 되냐 묻는다. 하루하루 그냥 사는 것도 힘든데 말이다. 맞다. 본인이 원치 않을 때는 하지 않는 것이 맞다. 하지만, 지금 현재 뭔지 모르지만, 뭔가 변해야 된다는 생각을 가진 당신이라면, 자투리 시간을 활용한 책읽기부터 시작해보자. 지금 책을 읽어야... 책에 투자를 해야.... 후일 좀 더 밝은 앞날을 기약 할 수 있다. 당장은 이렇다할만하게 큰 성과로 나타나지는 않는다. 하지만, 지금 읽는 책들이 모이고 모여서, 훗날 여러분이 원하는 인생을 살 수 있노록 방향을 제시해 주고, 이끌이 줄 수 있는 것이다.

이번 장의 주제에서도 볼 수 있듯이, '책읽기에 시간을 가져라, 혹은 보내라'가 아니다. '투자하라'고 했다. '투자하라'의 한글 뜻은 누구나 알고 있을 것이다. 투자라는 것은 후일 어떤 이득을 기대하고 지금 행하는 일이다. 부동산 투자, 주식투자... 등 우리 주변에서 흔히 쓰고 있는 말이기도 하다. 부동산이든 주식이든 투자할 때는 후일 경제적인 득, 즉 돈의 가치 상승을 기대하고 한다. 이와 같은 맥락으로 책읽기에 투자하라는 것이다. 돈 좀 벌어 보자고 큰돈 들여 투자도 하는데, 나의 인격 소양을 위해, 나의 앞날의 인생을 위해, 억만금의 돈도 아닌 책한 권의 비용과 하루 30분 정도 투자 못하겠는가? 후일 나의 인격 소양의 확장을 기대할 수 있고, 전반적인 앎이 넓어지며, 책속에서의 간접 경험들로 그동안 획일화 되고, 편향되었던 나의 생각들이 좀 더 유연한 사고로 바뀌며, 세계 각지의 다양한 문화, 인간관계, 사물을 대할 때에도 언제든, 어디서든 그 어떤 선입견이나 거부감 없이 스펀지처럼 흡수하고 받아들일 수 있는 마인드를 갖게 된다.

> 가장 싼 값으로 가장 오랫동안 즐거움을 누릴 수 있는 것,
> 바로 책이다.
>
> **프랑스 철학자, 미쉘 몽테뉴**

요즘 TV 채널을 돌리는 족족, 종편 채널에서는 건강을 주제로 한 프로그램이 우후죽순이다. 우엉이 그렇게 몸에 좋다하면, 다음날 우엉 값이 배로 치솟는 기현상까지 나타난다고 한다. 너도 나도 몸에 좋다는 음식을 챙겨먹기 위한 것이다. 그런데, 왜? 나의 뇌 건강은 생각하지 않을까? 그것은 음식과도 같은 개념인 독서를 내 몸에 꼭 필요한 영양소라고 생각하지 않기 때문이다. 읽어도 그만, 읽지 않아도 그만이라는 생각을 가지고 있기 때문이다. 나의 정신 건강을 위한 책읽기는 그야말로 필수다. 책읽기는 나의 뇌에 비타민과 같은 존재다. 몸에 좋은 음식 챙겨 매일 섭취하듯이, 정신 건강에 좋은 책 읽기도 매일 섭취해야한다.

> 돈이 약간 생기면 나는 책을 산다.
> 그러고도 남는 것이 있으면 음식과 옷을 산다.
>
> **네덜란드 인문학자, 에라스무스**

책을 읽어야 하는 여러 이유 중 하나는 내가 고민하고 괴로워하고 있는 그 어떤 일이 있을 때조차 책을 통해, 몇 세기에

걸친 책 속의 현인들을 만남으로서 그 곳에서 답을 얻을 수 있기 때문이다. 그렇다면, "지금 당장 책을 읽으면, 현재 나의 모든 고민거리가 사라질 수 있을까?" 라고 묻는다면, 바로 "그렇다."라고 답변은 못 한다. 운이 좋아 어떤 이는 한권의 책을 통해 답을 얻을 수도 있겠지만, 그것은 소위 우연찮게 얻어 걸린 극히 소수에 불과한 경우다. 지금부터 책을 접하되, 편향적인 독서가 아닌, 여러 방면에 걸친 독서를 시작하자. 그리고 그 과정을 통해 자신만의 사고들을 재정립할 수 있다. 그렇게 되면 어떤 고민 앞에서도 체계화된 생각으로 쉽게 결정과 판단을 할 수 있을 것이고, 때로는 그 결정이 틀렸다 할지라도 바로 수습할 수 있는 지혜를 갖게 된다. 읽자. 무조건 읽자. 지금의 당신, 이 책을 잡고 있는 지금의 당신은 이미 반은 성공한 셈이다. 책 읽는 시작을 했으니 말이다.

'5초 실행'으로 책부터 잡자. 생각 따윈 필요 없다. 그저 하면 된다. 책잡는 습관의 생활화로 '5초 실행'을 지속시키자. '5초 실행'의 지속으로 잡은 책, 그저 읽기만이 남아있을 뿐이다.

[2]
쓰는 습관 갖기

지금까지 그저 습관적으로 필기를 하던 분은 반드시 내일 하루는 의식해서 '무엇이든 적는다.'를 실천해보시기를 바랍니다.

〈파란펜 공부법〉, 아이카와 히데키

스마트폰 시대이니만큼, 수첩 따위는, 손으로 직접 글을 쓰는 행위 따위는, 필요 없는 세상이 되어 버렸다. "옛날에나 수첩이나 다이어리를 갖고 다녔지, 요즘 누가 촌스럽게 수첩을 갖고 다녀...."라고 말 할 수 있다. 스마트폰에 수첩과 다이어리 기능을 하는 갖가지 앱들이 이미 포진해 있기 때문이기도 하다. 사실, 요즘엔 수첩의 필요성을 별로 느껴본 적조차 없다.

'수첩'이란 말 참으로 생소하다. 어렸을 적에 수도 없이 들었던 단어다. 하지만 이젠 왠지 모르게 70~80년대와 어울리는 단어인 것 같다. 나 역시 어렸을 적 그 수첩에 영어단어 써서 가지고 다니면서 외웠던 기억이 새록새록 난다.

수첩이든 평범한 노트든, 아님 다이어리든, 포스트잇이든 아무래도 상관없다. 무엇인가 적을 거리를 항상 내 몸에 함께 지니란 것이다. 물론, 스마트폰이어도 좋다. 하지만, 때로는 디지털보다 아날로그적인 방식이 우리에게 이점으로 다가 올 때도 있다. 자주 쓰라고? 자주 적으라고? 그렇다면 직접 글을 쓰는 행위를 통해 얻을 수 있는 이점에는 어떤 것이 있을까 생각해 보자.

첫째, 뇌의 활성화를 가져올 수 있다. 글자 하나라도 스마트폰의 자판을 두드리는 것이 아닌, 내 손으로 직접 써야 한다. 이것을 귀찮게 여기는 분들에게는 장점이 아닌, 단점이 될 수도 있겠지만, 글씨를 직접 쓰는 동안 내적, 외적으로 알게 모르게 우리에게 도움이 된다고 한다. 쓰면서 다시 한 번 중요한 사항을 되 뇌이게 된다. 또한 손을 직접 사용함으로써 뇌의 발달을 가져 올 수 있다. 사람의 뇌에는 손과 연결된 신경세포의 양이 가장 많다고 한다. 그렇다면 손가락을 많이 움직일수록 뇌의 활성화를 가져오는 것은 당연한 이치다. 메모하는 동안의 글쓰기로부터 기억력의 향상을 가져 올 수 있으며, 많이 씀으로서 표현력 또한 풍부해지고, 논리적인 사고력도 증진된다.

> 글을 읽을 때보다 글을 쓸 때 뇌 활동은 3배 이상 늘어난다고
> 뇌 과학자들은 말한다.
>
> 〈생각만 하는 사람 생각을 실현 하는 사람〉, 이노우에 히로유키

둘째, 정리와 요약이 잘 된다. 만약 회사에서 사원이 상사가 뭔가를 지시하고 얘기할 때, 수첩을 펼쳐들고, 펜으로 열심히 받아 적고 있다면? 취업 면접자가 면접관이 말할 때에 수첩을 펼쳐들고, 펜으로 뭔가 열심히 받아 적고 있다면... 상사나 면접관의 기분은 어떨까? 그다지 나쁘지는 않을 것이다. 아니, 오히려 '나의 말을 경청하는구나.' 하고, 긍정적 인상을 심어줄 수 있다. 상대방의 말에 귀를 기울이는 것을 넘어, 상대방에게 신뢰감과 좋은 인식을 심어 줄 수 있다. 그 뿐만 아니라, 쓰는 본인도 다시 한 번 되 뇌이면서, 쓰는 동안 정리가 될 수 있다. 물론, 소수의 사람과 마주해야 할 때, 쓰는 것은 부차적인 일이고, 사람과의 대화에 중점을 두는 것을 간과하지 말아야 한다.

셋째, 값진 아이디어를 포착할 수 있다. 글을 쓰다보면 아이디어의 고갈로 힘들 때가 많다. 그렇다보니, 일상에서의 메모 습관에 더 매달릴 수밖에 없다. 순간적인 찰나에 생각나는 번뜩이는 아이디어는 그 순간 받아 적지 않으면, 금세 잊어버리기 십상이다. 그 찰나를 놓치는 일이 없도록 하기 위해서라도

메모의 습관을 길러야 한다. 메모의 중요성은 작가에게 뿐만 아니라, 일상생활에서도 중요하다. 순간적으로 생각나는 아이디어를 메모해서 학교생활이나 직장생활에 적시에 활용 할 수도 있다. 또 쓰다보면 메모하는 습관은 저절로 길러진다.

넷째, 개인적인 스케줄러의 기능은 기본적이거니와, 자잘한 메모, 오늘 하루를 마감하는 다이어리가 될 수 있다. 하다 못해 장보기 목록을 메모하는 습관을 가진 주부는 충동구매가 아닌, 계획에 의한 소비습관을 평소 메모습관을 통해 형성할 수 있다.

이렇게 일상의 모든 것을 쓰는 것으로 일상화 하게 되면, 메모의 습관은 당연지사 따라오게 되어 있다. 메모 습관 하나로 주먹구구식이 아닌 체계적인 생활습관을 만들 수 있는 것이다. 쓰자. 정 힘들다면, 맘에 드는 책의 한 구절 쓰는 것부터 시작해 보자. 그마저도 힘들다면, 오늘 하루 정리하는 맘속의 글 한 귀라도 써보자. '오늘도 열심히 일한 나, 수고 많았다.' 이렇게 말이다.

나는 회사를 다닐 때, 미팅을 비롯하여, 개인적으로 상사와의 대화가 있을 때도 수첩을 꼭 활용했다. 그리고 상사의 말을 잘 경청하며, 메모를 하곤 했었다. 당시에는 어떤 의도를 가지고 행한 것은 아니었다. 단지, 혹여 전달 사항에 누락될 것을 염려하여, 그렇게 한 행동들이었는데, 나의 상사들은 그런 나의 모습을 그저 좋게 봐주셨다. 평소 쓰는 습관이 형성되면, 무언가를 쓰는 것에 대한 거부감이 없어진다. 간단한 하루 마감 일기도 좋고, 하루 시작 일기도 좋고, 그것이 영 마땅치 않으면, 그저 하루 일과를 머릿속으로 쭉 훑어보고 간단하게 써보는 것도 좋은 방법이다. 그리고 그날을 토대로 다음날의 계획을 세워보는 것도 좋은 방법이다. 계획에 의한 하루를 만들 수 있으니 말이다. 우선, '5초 실행' 다이어리나 수첩 펴기부터 시작하다보면, 뭔가는 끼적이게 된다. 뭔가 끼적이다보면 좋은 아이디어도 샘솟는다.

[3]
'생활의 달인'
벤치마킹하기

Your parents, they give you your life, but then they try to give you their life.
부모는 그대에게 삶을 주고도, 이제 그들의 삶까지 당신에게 주려고 한다.

미국 소설가, 척 팔라닉

어찌 보면 억척스럽다. 도대체 저런 힘이 어디서 나올까 싶다. 우리들 아버지, 어머니시다. 그들은 어디 특정한 기관에서 인정해준 기술이나 자격증이 있으신 분들이 아니다. 그저 자식들 뒷바라지에 먹고 살기 위해 수 십 년 동안 같은 일을 묵묵히 해 오신 분들이다. 그렇게 세월의 흐름에 자연스레 연마한 기술들이다. 그렇다고 그냥 거저 얻어지는 기술도 아니다. 어떻게 하면 좀 더 효율적으로 할 수 있을지, 어떻게 하면 더 빨리 할 수 있을지, 어떻게 하면 오차 없이 상품성 좋게 만들 수 있을지... 이렇게 다양한 고민을 통해 그들만의 방법으로 거듭된 연구와 노력으로 얻게 된 값진 결과인 것이다.

그냥 길거리에서도 쉽게 지나칠 수 있는 떡볶이지만, 달인은 평생을 어떻게 하면 사람들의 입맛에 맞는 떡볶이를 만들 수 있을지 고민한 끝에 MSG나 설탕 대신 식혜 만들 때 사용하는 엿기름가루를 사용하여 떡의 쫄깃함과 달콤함을 찾을 수 있었던 것이다. 그냥 남들처럼 MSG나 설탕을 쉽게 사용했더라면, 오늘의 달인이 될 수 있었을까? 쉬운 길을 마다하고 험난한 길을 택한 것은 남들을 의식해서가 아닌, 달인 스스로가 프로이기 때문이다. '생활의 달인'은 내가 즐겨 보는 프로그램 중 하나이다. 그다지 TV를 즐겨보진 않지만, 유독 '생활의 달인'만큼은 시간이 허락 하는 한 보려고 한다. '생활의 달인'을 볼 때면, 나도 모르게 나의 나약함에 탄식을 하게 된다. '저런 분들도 계시는데, 이까짓 앉아서 하는 탁상공론 따위의 일쯤은 아무것도 아니야.' 하며 말이다. 혹자는 '에이~ 저 까짓게 무슨 특별한 자격이나 기술이 있는 것도 아니고, 아무나 다 하겠네.'하고 겁 없이 말 할 수도 있을 것이다. 말은 말뿐이다. 나를 포함한 요즘 젊은이들은 그런 일들을 3D업종 취급하며 하려고 들지도 않는다. 그 기술은 먹고 살기위한 절박함 속에서 체득하게 된 것이며, 달인의 자부심이기도 하다. 언뜻 보면 지루해 보이기까지 한 반복적인 그 일들을 오랜 시간동안 생계의 책임을 가지고 묵묵히 자식들을 위해 행한 일들인 것이다.

나의 어머니도 수년간 식당을 하셨다. 치킨 가게를 시작으로 갈비집, 설렁탕집, 김밥분식집, 국수집까지 식당도 다양하게 하셨다. 그래도 위의 식당들은 장사할 터전이 있을 때였고, 그 이전에는 호떡 포장마차, 요구르트 배달 아주머니까지 안 해본 일이 없으실 정도다. 지금의 내 나이, 40대 한창때 나의 어머니는 그렇게 지붕도 없는 길거리에서 포장마차며, 요구르트 배달 일들을 하셨던 것이다. 그동안 엄마가 해 오셨던 그 일들을 지금의 나한테 해보라고 하면 자신 있게 할 수 있을까? 선뜻 대답이 나오지 않는다. 사실, 할 엄두조차 나지 않는다. 힘들고 고된 일이었지만, 나의 어머니 역시 '달인'처럼 당신 자식들을 위해 그것이 고생이 고생인줄 모르고, 힘들게 억척스럽게 바깥일을 병행하며 살림을 꾸려왔던 것이다. 그때는 어려서 잘 몰랐지만, 나이가 한 살 한 살 먹으면서 어머니의 희생으로 내가 여기까지 올 수 있었다는 것을 새삼 느끼게 되었고, 너무 감사함을 느낀다. 동시에 같은 여자로서 어머니에 대한 연민의 마음이 사무쳐, 마음 한구석이 애잔해지다 못해 금세 내 눈가엔 눈물이 맺힌다. 이날 이때까지 당신 옷 한 벌 제대로 사 입지 않으시는 우리 어머니다. 지금도 길거리를 지나칠 때 요구르트 배달 아주머니들을 보면, 그냥 지나칠 수가 없다. 왠지 측은한 마음이 들어서다. 그 옛날 어머니의 모습이 오버랩 되어서 일 것이다. 꼭 달려가 요구르트 한 봉지씩이라도 사게 된다. 나의 어머니는 그렇게 자식들을 위한 '생활의 달인'이 되셔야 했던 것이다. 내 어머니야말로 세상에 한분밖에 없는 달인 중에 달인이시다. 어머니의 모습은 세상에서 제일 아름답다. 당신 자신의 모든 것을 아낌없이 자식들에게 맹목적으로 주는 이 세상의 어머니이기에 그 어떤 누구보다도 아름다운 것이다. 자식을 생각하는 어머니의 아름다움은 그 어떤 미녀 영화배우가 온다 해도 비교불가다.

요즘은 젊은 몇몇 친구들도 일찌감치 자기 소신을 가지고 전문분야로 뛰어들어 달인이 된 경우도 많이 있다. 빵집을 운영하는 이제 갓 30대가 된 여성은 빵 반죽을 위해 하루에 3시간 정도의 잠을 잔다고 한다. 숙성을 기다리며 선채로 쪽잠을 자는 모습은 측은하게 느껴지면서도 대견하게까지 느껴졌다. 고등학교 시절 상위권의 성적을 가지고 있었음에도 불구하고 요즘 친구답지 않게, 대학을 포기하고, 자기 소신을 갖고 제빵사의 길로 들어서 묵묵히 하나의 일에 집중하며 자신이 원하는 일에 임하는 그 친구의 모습은 정말 멋있었다. 어린 친구지만, 자신만의 소신을 가지고 일하는 모습이 진정한 프로로 느껴졌다. '달인'의 사전적 의미는 학문이나 기예에 통달하여 남달리 뛰어난 역량을 가진 사람이라 한다. 여기서 '통달하다'에 초점이 맞춰진다. 얼마나 많은 시간을 그곳에 할애 하였느냐가 중요 쟁점이다. 얼마나 많은 시간을 연습하고 연마 하였기에 이제는 눈을 감고도, 저울을 사용하지 않고도 같은 양의 중량을 척척 맞춘다. 실로 놀랍지 않을 수 없다. '달인'은 기계 저울보다 더 정확한 인간 저울인 것이다.

오늘날 대부분의 젊은 친구들은 무엇을 하든 싫증을 쉽게 느끼고, 이것이 내 길이 아닌가 하고, 다른 길을 찾아 헤매고, '이 일은 내 적성에 맞는 것 같지 않아요.'하고 핑계 아닌 핑계를 대며 이내 포기하는 것이 다반사다. 달인처럼 끈기와 인내를 가지고 '생활의 달인'을 벤치마킹하여 우직함으로 초지일관 한다면, 못해낼 것이 없다. 나 또한 어머니가 밟아왔던 길을 생각한다면, 지금 내가 하는 일은 '새발의 피' 축에도 못 낀다. 그 어떤 어려운 자격증을 가진 전문인보다 나는 '생활의 달인'들에게 박수를 쳐 주고 싶다. 그들이야말로 그 어떤 자격증과 비교할 수 없는 '달인 자격증'을 가진, 진정 인생을 통달한 인생 주역의 전문가다.

[4]
나에 대한 책임을
직시하라

살아서든 죽어서든 너의 책임을 완수하라.
영국의 비평가/사회 사상가, 존 러스킨

　1884년 미국 심리학의 아버지라고 불리는 제임스(W.James)
는 〈감정이란 무엇인가〉에 논문을 발표했다. '행동이 어떤 감
정을 일으킨다.'는 '제임스-랑게 이론'이다. 곰에 대한 공포를
예로 들어 설명했다. 그는 상식적으로 곰을 보면 두려워서 도
망간다고 생각하는데, 사실은 두렵기 때문에 도망간다고 하는
생각은 잘못된 것이고, 도망가기 때문에 두려움을 느낀다고 주
장했다. 우리는 두렵기 때문에 떠는 것도 아니고, 슬프기 때문
에 우는 것도 아니다. 반대로 우리가 떨고 있기 때문에 두려움

을 느끼고, 울고 있기 때문에 슬픔을 느낀다는 것이다. 비슷한 시기에 덴마크의 심리학자인 랑게(C.Lange)도 같은 아이디어를 제안해서 이를 '제임스-랑게 이론'이라고 한다.

출처 : 네이버 지식백과 인문과학

실행이 우선이다. 먼저 행동 하다보면 의욕이 생긴다. 작은 행동일지라도 어떤 행동을 하고나면 거기서 오는 성취감으로 '더 잘 하고 싶다.'라는 감정이나 의욕이 마구 샘솟는다. 나에 대한 책임을 진심으로 직시하자. 반드시 지금의 나의 상황을 먼저 직시해야만 한다. 나에 대해 아무 대책 없이 어줍지 않게 그저 막연히 낙천적인 생각만 하는 나는, 나를 망가뜨리는 제1의 주범이다. 그래서 행동 먼저, 실행 먼저 해야 한다는 것이다. 무조건 실행부터 먼저 하다보면 시간이 지남에 따라 의욕은 절로 생긴다. '5초 실행'을 무작정 시작하자. 하다보면 '5초 실행'의 효과는 배가 된다. '5초 실행'을 반복적으로 행하다보면 잘하고 싶은 의욕이나 욕구는 반드시 생기기 때문이다. 그것이 '제임스-랑게 이론'이다.

옛말에 '유유상종'이라는 고사성어가 있다. 여러분도 알다시피, 같은 사람끼리 서로 찾아 모인다는 뜻이다. 왜 그럴까? 그것은 대부분의 사람들이 자기중심적 사고를 하기 때문이다. 자기가 믿고 있는 신념이 있다면, 상대방도 그런 신념을 갖고 있어야 된다고 생각하기 때문이다. 하지만, 그러한 믿음이 깨져

버리면, 곧 그들의 인간관계는 정리를 하고 새로운 사람을 찾게 된다. 그렇게 비슷한 무리가 여러 과정을 통해 형성이 된다. 하지만, 같은 생각을 가진 사람들끼리 만나서 같은 화제에 대해 얘기하거나, 같은 의견에 동조하는 그런 얘기만을 매번 한다면, 너무 무미건조한 삶의 반복이지 않을까? 또 얼마만큼의 발전이 있을까? 때로는 나와 같은 편이 있으니까 서로 의지가 되고 좋겠지만, 한편으로 생각해보면, 지극히 편향적인 생각과 획일화된 생각에서 더 이상 벗어날 수가 없다. 같은 생각을 가지고 있는 사람들끼리 만났으므로, 그것이 얼마만큼 잘못된 생각과 행동인지 잘 알지 못하기 때문이다. 그것은 그러한 사고를 깨우쳐줄 사람이 곁에 없기 때문이다. 어쩌다 그것을 깨우쳐 줄 그런 사람이 나타날 때가 있다. 하지만, 그 무리는 어떻게든 그 사람을 무리에 절대 끼워주지 않는다. 그런 사람을 못 만나는 것이 아니라, 만나지 않는 것이다. 애써 그 기회를 외면하는 것이다. 자신들의 편향적인 사고를 깨우쳐줄 사람을 두고, 우리와는 코드가 맞지 않는다는 이유로 거부하는 것이다. 진정 코드가 안 맞아서일까?

주위를 둘러본다. 당신에겐 친구가 몇 명 있는가? 또 그 친구들은 어떤 친구들인가? 무언가 새로운 것에 도전하는 것을 즐기는 친구들인가? 아니면, 그냥 현실에 만족하고 오늘을 즐기는 친구들인가? 이런 친구도 있고, 저런 친구도 있다고? 그렇다면, 지금 이 책을 읽고 있는 당신은 그들에게 어떤 친구인가?

어찌 보면 당신의 그 사고를 깨우쳐줄 사람을 찾고자만 한다면 얼마든지 주위에서 찾을 수도 있을 것이다. 하지만, 당신과는 전혀 다른 세계의 사람들, 소위 당신보다 잘나고, 뭔가 당신보다 나아 보이고, 너무 완벽해서, 그 옆의 당신 자신이 초라해 보여서 일부러 피하는 것은 아닐까? 다른 무리의 사람들과 교류가 생겼을 때 오히려 그들과의 괴리감에서 오는 불편함으로 당신 스스로가 편안함을 찾으려 했던 것은 아닐까? 진정 편했던가? 아닐 것이다. 그 도피는 잠시 잠깐의 편안함만을 가져왔을 뿐이다.

지금의 당신 자신을 바라보자. 그리고 당신 자신을 곰곰이 들여다보고 생각해보자. 이제는 당신 자신에 대한 책임을 져야 할 때다. 더 이상의 도피는 용납하면 안 된다. 세상사 모두 다 내 뜻대로는 되진 않겠지만, 자신보다 좀 나은, 그래서 뭔가 배울 수 있는 사람과 교류를 시작해야 한다.

이렇게 말하면, "그거 누가 모르나요? 내 주위엔 배울만한 사람들이 없다고요? 찾고 싶어도 찾을 수도 없는걸요?" 하며 분명 반박할 수 있다. 맞다. 나 또한, 그랬다. 그렇다면 당신의 롤모델을 어디에서 찾아야 할까?

앞서 말한바 있는 '총각네 야채가게' 이영석 대표의 모토 중하나는, "자신보다 한 단계 높은 사람과 어울리려고 노력해라."이다. 그는 때때로 자신의 처지에서 새로운 돌파구를 책을 통해서 찾았고, 필요하다면 책의 저자에게 집요하게 갖은 방법으로 연락하여, 마침내 책의 저자들을 직접 만나고, 아주 유용하고 값진 말씀을 그분들로부터 얻었다고 한다. 하지만, 무엇보다 중요한 것은 그런 분들과의 만남을 통해 자기 자신을 돌아보게 되었고, 뭔가 자극을 받았던 것이 가장 큰 수확이었다고 한다. 그리고 그분들로부터 "할 수 있다." 라는 동기부여를 받을 수 있어서 그래서 더 값진 시간이 되었다는 것이다. 옛말에 '용기 있는 자만이 미인을 쟁취할 수 있다.' 고 하지 않았는가? 바로 그런 맥락인 것이다.

나는 꼭 돈을 많이 벌어서, 어느 정도 사회적으로 성공한 사람에게만 배울 점이 있는 것은 아니라고 생각한다. 우리 일상생활에 밀접하게 가까이 있는 사람에게서도 충분히 배울 점은 많이 있다. 평소 그분들에 대해 깊이 있게 곰곰이 생각하고 들여다보지 않았기 때문에 몰랐던 것이다. 일례로, 나의 경우를 보자. 나는 나의 어머니를 존경한다. 그리고 어머니의 삶을 생각할 때마다, '내가 이렇게 살아서는 안 되겠다.' 생각하며 나 스스로를 질책하게 된다. 나는 나의 어머니의 삶을 생각하면, 눈시울부터 붉어진다. 어머니는 2-3살 때 아주 어렸을 적 외할머니를 여의어서, 외할머니 얼굴조차 기억하지 못하신다. 10살 남짓한 나이 때에는, 새어머니가 들어오셨는데, 새어머니의 사랑은커녕, 할아버지가 계실 때와 안 계실 때 행동들이 확연히 달랐다고 한다. 그야말로 내 어머니는 구박 받는 콩쥐의 삶을 사셨다. 그렇게 어렸을 때 갖은 고생을 많이 하셨던 어머니는 TV에나 나올법한 삶을 사셨던 것이다. 그리고 결혼 후에 한동안은 전형적인 주부로서의 삶을 살아오시다, 두 분이 가지고 계시던 가산을 이래저래 탕진을 하셨고, 삼남매를 키우기에는 아버지의 벌이만으로는 여의치가 않아, 직업전선으로 뛰쳐나가셨던 것이다. 앞서 열거한 바와 같이, 이것저것 안 해보신 장사 없이 손에 물마를 틈 없이 사셨다. 우리 삼남매를 위해서 말이다. 그런 엄마를 생각할 때면, '내 인생은 오로지 나의 것만이 아니다.' 라는 생각으로 더 열심히 살려고 노력한다. '이렇게 잘 키워주신 엄마에게 비록 물질적인 보상은 아니더라도 잘사는 모습을 보여 드리는 것이야말로 진정한 자식으로서 보답하는 것이다.' 라고 생각하며 말이다.

나에게 주어진 인생을 아무 생각 없이 막 사는 것만큼 부모에게 불효는 없다. 꼭 돈을 많이 벌어서 드리는 것만이 효도하는 것은 아니다. 나에 대한 책임부터 직시해야 한다. 그 누구의 탓도 아니다. 모두 내 탓이다. 그저 한 번밖에 없는 내 인생, 생각은 있는데, 맘처럼 잘 되지 않는다면, '5초 실행'으로 내 안에 있는, 본질의 잘 하고 싶은 나의 욕구와 감정을 끌어내면 된다. 그 뿐이다.

> 책임감이 있는 이는 역사의 주인이요,
> 책임감이 없는 이는 역사의 객(客)이다.
>
> 도산 안창호

[5]

스스로 생각하고,
실행하라

Take time to deliberate, but when the time for action has arrived, stop thinking and go in.
숙고할 시간을 가져라, 그러나 행동할 때가 오면 생각을 멈추고 뛰어들어라.

나폴레옹 보나파르트

현대사회의 필수적이면서도 문명의 이기인 스마트폰의 등장으로 우리는 더 이상 많은 생각을 하지 않고도 키워드 하나로 원하는 것을 얻을 수 있다. 말초적인 글귀와 시각적으로 현란해 보이는 것들로 우리의 귀와 눈은 이미 그것에 익숙해져 있는지도 모른다. 어떤 새로운 정보를 찾을 때나, 예전에 알았지만, 가물가물한 정보를 생각해내야 할 때도 한 치의 망설임 없이 스마트 폰을 꺼내 드는 우리의 모습을 쉽게 볼 수 있다. 새로운 정보를 접할 때도, 알았던 정보를 상기해야 할 때도 생각을 통해서 다시 한 번 나의 것을 만드는 절차가 이제는 필요 없어진 것이다. 언제든 내가 원하기만 하면 내 곁엔 나의 친구 스마트폰이 있기 때문이다. 굳이 뇌를 사용하는 것을, 생각이라는 것을 할 필요조차 없어진 것이다.

며칠 전 라디오에선 요즘 젊은이들이 '사색보나 검색'이 익숙한 세대라 표현하는 것을 들었다. 나 역시 얼마만큼의 사색을 하고 살고 있는지 자문해보지만, 선뜻 자신 있게 대답하기 힘들다. 왜냐하면 내 곁엔, 나의 손엔, 항상 스마트폰이 함께 하기에 사색하는 시간을 가지려고 하기보다는, 눈으로 귀로 즐거워지는 스마트폰에 더 많은 시간을 할애하고 있었는지도 모른다. 아니, 다양한 기능을 탑재한 만능의 스마트폰을 보고 있느라 오히려 사색할 시간을 아까워하며, 사색의 필요조차 못 느끼는 것일지도 모르겠다. 조금은 슬픈 현실이지만 말이다. 스마트폰을 대하는 나의 태도에는 어느 정도의 중용을 지키는 것이 필요하다고 느끼면서도 쉽지 않다. 중용의 사전적 의미로는 지나치거나 모자라지 아니하고 한쪽으로 치우치지도 아니한, 떳떳하며 변함이 없는 상태나 정도를 말한다. 옳은 줄 알면서 지키지 못할 때가 많지만, 그래도 나는 중용을 지키려, 사색하는 시간을 갖기 위해 책을 든다. 생각을, 사색을 했기 때문에 나 자신의 문제점을 발견하게 되는 것이다. 그래야 진정한 실행을 할 수 있는 초석이 마련 될 수 있다.

우리나라의 교육방식이 예전과 비교해서 많이 나아졌다고는 하나, 다른 나라, 특히 북유럽 국가들의 교육방식과 비교해 볼 때 여전히 우리는 그다지 많은 생각이 필요 없는 주입식 교육을 어렸을 때부터 줄곧 받아 오고 있다. 그저 대학입시 시험만 잘 보면 된다는 인식아래 정보 쌓기에 급급한 일상화로 당신의 미래, 당신의 꿈에 대해 한 곳에 진득하니 앉아, 구체적인 생각조차 해보지 않고, 당신의 미래를 판가름 하는 당신의 직업도 그저 점수에 맞춰가는 현실이 되어 버렸고, 수능 점수가 당신의 직업을 정해준다고 해도 과언이 아닐 것이다. 하지만, 요즘 들어 몇몇의 학부모나, 젊은 친구들은 그런 학습법을 거부하고, 자신만의 행로를 선택하여 그들만의 방식으로 생각하는 공부를 하고, 그들만의 진정한 삶을 꿈꾸는 경우를 종종 볼 수 있다. 진정한 삶을 찾고자 하는 것은 참으로 이상적인 방법이긴 하나, 공교육에서 받을 수 있는 학력의 과정을 포기한 것이기에, 그 후 그들의 삶은 오롯이 그들의 책임과 의무로 일궈내야 한다.

그렇다면 '스스로 생각하고, 실행하는 것은 어떻게 해야 할까?' 무작정 책상에 앉아 생각만 하면 되는 것인가? 그것은 사람마다 본인에게 맞는 방법에 차이가 있을 수 있으므로, 다소 시행착오를 겪더라도 자신에게 맞는 방법을 찾는 시간을 가져야 할 것이다. 자기가 하고 싶은 것을 하면서, 스스로 자신에게 질문도 하고 대답도하며 생각의 확장을 더해 나가는 방법이 있다. 그 과정에 자신에게 정보를 줄 수 있는 분을 찾아가 조언을 구하는 방법도 좋은 방법 중 하나이며, 그때그때 자신의 생각을 정리하는 차원에서 글을 써보는 것도 좋은 방법일 것이다. 쉽지만은 않은 과정이다. 때로 필요하다면, 여행을 통해 새로운 것을 보고, 듣고, 느껴보는 것도 중요하다. 그마저도 여의치 않다면, 저비용 고효율의 방법 중 하나로 가장 손쉽게 생각의 확장을 가져올 수 있는 것은 역시 독서라 생각한다. 약속을 잡아서 특정 시간을 내지 않아도 되고, 그 멀리 직접 가보지 않아도 되니 말이다. 원하고, 알고 싶어 하는 분야의 책을 접함으로써 궁금증도 풀릴 것이며, 그 이상을 넘어서기 위해서는 수직적 독서와 수평적 독서를 적절한 병행하며, 여러 분야의 책에 도전하는 것이 최상의 방법이 아닐까 싶다.

> 산다는 것은 호흡하는 것이 아니라 행동하는 것이다.
> 농부처럼 일하고 철학자처럼 사색하라.
>
> **프랑스 철학자 장자크 루소**

책을 통해 간접 체험의 경험으로 스스로 생각하는 방법을 배우고, 실행도 하며, 나아가 진정 내가 원하는 것이 무엇인지까지 발견할 수도 있다는 것이다. 미국의 천재 발명가 토머스 앨바 에디슨은 1,300여 종을 넘는 특허를 보유한 분이다. 현재 우리에게 없어서는 안 될 전기의 시초인 백열전구의 발명부터 영사기, 축음기까지 그의 발명의 방대함은 실로 놀라지 않을 수 없다. 누구나 다 알고 있는 이야기일 테지만, 초등학교 입학 후 3개월 만에 퇴학을 당하고, 어머니로부터 교육을 받게 된다. 유별난 행동을 많이 한 에디슨이었지만, 어렸을 때 그의 독서량은 엄청났다고 한다. 15세 때, 디트로이트시로 이사를 가게 되었는데, 그는 디트로이트시의 도서관에서 3년 동안 그 도서관의 모든 책들을 다 읽는다. 그것도 백과사전들까지 말이다. 독서를 통해 그는 간접체험의 경험을 하고서, 그것을 실생활로 옮겨 실행의 일환으로 발명의 발명들을 거듭했던 것이다. 그의 그런 독서력이 없었다면, 그가 만든 발명품으로 이어지기까지 수차례의 실행력이 어떻게 가능했을까? 단언컨대, 아마도 중도 포기 했을 것이다. 책을 통해 접한 수많은 정보가, 그의 뇌를 통해 새로운 창의성 있는 발명품으로 태어날 수 있었던 것이다.

> I have not failed. I've just found 10,000 ways that won't work.
> 나는 실패한 것이 아니다.
> 나는 단지 실패하는 방법 10,000 가지의 방법을 발견한 것뿐이다.
>
> **발명가/GE사 건립자, 토마스 엘바 에디슨**

생각만 해도 아찔하다. 10,000 여 가지의 실패 하는 방법을 알아내기까지 얼마나 많은 시행착오가 있었을지 말이다. 그 속에 수많은 생각과 실행의 번복이 있었을 것이라는 것은 불을 보듯 뻔하다. 그렇다고 토마스 에디슨처럼 해야 된다는 얘기가 아니다. 스스로 생각하고, 실행해야 할 때라는 것이다. 생각을 도모하고, 실행으로 이어질 수 있는 계기의 여러 가지 많은 방법들이 있다 해도, 본인 스스로 생각하고, 실행하지 않으면 모두 무용지물이나.

개인적인 나의 소견은 그저 집에 틀어박혀 책벌레가 되는 것보다는 밖으로 나가서 무엇이든 경험하자는 주의다. 하지만, 이것저것 여건이 되지 않을 때는 그저 손 놓고 아무것도 하지 않고 있는 것보다는 책이라도 봐야 한다는 것이다. 그 당시에는 정해진 것이 아무것도 없지만 뭐라도 해야, 그 뭐라도 해야 하는 것은 최소한의 해야 할 것으로 책읽기이다. 에디슨처럼 책읽기를 통해 간접체험을 수차례 반복하다보면, 자신도 몰랐던, 자신이 원하는 방향이라도 깨닫게 된다는 것이다. 물론, 때로는 그 방향이 원하는 방향이 아닐 수도 있다. 하지만, 꾸준한 직접 경험, 또는 책을 통한 간접경험을 통해 다시 스스로 생각하고, 실행하고를 반복하면 되는 것이다. 당신이 원하는 답은 스스로 생각하고 스스로 한 실행이 전제되어야만 가장 빠른 시일 내에 가장 정확하게 당신에게 도달할 것이다.

> "아무것도 하지 않으면, 아무것도 일어나지 않아!"
>
> **카스 맥주 광고**

[6]
공표하고 떠들고 자랑해라

For a man to achieve all that is demanded of him, he must regard himself as greater than he is.

인간이 자신에게 요구되는 바를 이뤄내기 위해서는 자신을 실제 모습보다 훨씬 훌륭하다고 여겨야 한다.

독일 시인, 극작가, 정치가, 요한 볼프강 폰 괴테

　누구나 자기계발서 한 권쯤은 안 읽어 본 사람은 없을 것이다. 내 친구 중 한명은 결과가 훤히 보이는 뻔한 자기 계발서는 뭐하려고 계속 읽느냐 한다. 내용은 조금씩 다르겠지만, 결론은 다 똑같다고, 지금처럼 살지 말고, 당장 뭐든 시작해야 한다고 다들 책에서는 한 결 같이 그렇게 말한다고 한다. 전체적인 결론을 놓고 보면 그 친구 말이 틀리진 않다. 하지만, 여러 종류의 자기 계발서는 뭐하려고 읽느냐고 하는 그 친구의 의견에는 나는 동의하지 않는다. 이런 자기계발서 책조차 읽지 않으면 언제 자극 받을 수 있을까? 언제, 어떻게 내 자신을 돌아보는 시간을 가질 수 있을까? 사촌이 땅 샀을 때? 친구가 성공했을 때?

나의 친구와 같은 생각을 하는 분들에게 한 가지 질문을 던져보고 싶다. "평소 자기계발서는 잘 읽지 않는다면, 그 외의 다른 분야 책들은 많이 읽고 계십니까? 그리고 다른 책들을 통해 조금 더 나은 삶을 추구하고 있습니까?"

자기계발서를 반드시 읽고 자극받고 실행하고 성공하라는 얘기는 절대 아니다. 자기계발서가 아닌 다른 분야의 책을 좋아하고, 그래서 읽고 지식과 교양 쌓기에 만족하는 사람은 그것이 그 사람에게는 진정한 책읽기이다. 하지만, 뭔가 책을 통해 자신을 더 업그레이드 하고 싶은 사람들에겐 자기계발서 만한 책이 없다는 것이다. 자기계발서에는 '이렇게 해라.'라는 문구들이 참 많다. 그와 더불어 저자의 실제 경험을 통한 예도 많이 있을 뿐더러 여러 연구기관의 연구를 통한 정보도 있어 신뢰감이 가며, 때때로 좋은 책들을 추천해 주는 경우도 많아서 좋다. 그래서 어떤 책부터 읽어야할지 막막해 하는 사람들에겐 한, 두 권의 자기계발서를 읽다보면 그 속에서 부수적으로 읽어야 할 좋은 책들을 많이 만날 수 있어서 좋다. 나는 기본적으로 책에 대한 편식은 하지 않는 것이 좋다고 생각한다. 자기계발서 뿐만 아니라, 여러 방면의 책들을 두루 읽는 것이 좋다고 생각한다. 세상에는 좋은 책이 너무나도 많다. 책을 읽을 때는 자신이 좋아하는 분야만 파고드는 수직적 독서가 아닌, 여러 다양한 방면의 수평적 독서를 해야 한다. 자기가 좋아하는 분야에만 치우쳐 하는 편협한 독서는 제자리걸음만을 만들뿐이다. 물론, 필요에 따라, 전문적인 지식을 요할 때에는 수직적 독서가 반드시 전제되어야 한다는 의견에는 이견이 없다.

학생 M이 있다. 이 학생은 언제나 무엇이든 혼자 하는 것을 좋아한다. 그래서 밥도 혼자 먹고, 쇼핑을 할 때도 혼자 한다. 항상 혼자이다 보니, 늘 혼자 생각하고 혼자 판단하고, 혼자 결정한다. 또한 새해의 계획도 미래의 꿈도 늘 혼자 생각하고, 혼자 지우고 바꾸기를 반복 한다. M은 책 읽는 것 또한 좋아한다. 때때로 책의 수많은 조언들을 혼자 따라 해보기도 한다. 하지만, 잘 안 되면 이내 쉽게 '난 안 돼'라고 체념하고, 포기하기를 반복한다. 아무리 많은 책을, 아무리 좋은 자기계발서를 읽는다한들 무슨 소용이 있겠는가? 책을 읽는 본인이 어떻게 받아 들이냐가 중요한 것이다. 책을 읽는 본인이 변해야 한다는 것이다. 요즘 '혼밥세대'라고 해서, 1인가구의 확대로 직장인을 비롯하여 대학가에서 흔히 볼 수 있는 풍경이다. 대학가에는 혼자 밥 먹는 친구들이 많다고 한다. 시간 관리 차원에서 혼자 밥 먹고, 혼자 강의 듣고, 혼자 도서관에 가서 공부도 하고 하는 일련의 활동들이다. 친구들과 어울리게 되면 시간의 낭비로 정작 해야 할 것들을 하지 못하는 상황이 발생할 수 있어 그렇다고 한다. 특히 복학생 사이에서 많이 볼 수 있다고 한다. 시간관리 차원에서 혼자 하는 것은 참 좋다. 다만, 어떤 미래의 조그마한 계획은 절대 혼자 하지 말자. 본인이 원하고자

하는 목표를 만인에 공표하고, 아주 조그마한 성과라도 떠들고 자랑도 해보자. 언제 봐도 눈으로 확인할 수 있도록, 문자화 하는 방법이 좋다. 예를 들어 요즘 많이 활성화 된 SNS를 활용하는 방법도 그 중의 하나이다. 블로그에 직접 써 놓으면, 본인이 지우지 않는 한, 수년이 지나도 그 글은 건제 할 테니 말이다. 사람들에게 공표까지 되었으니, 실행 공략을 지키지 않을 레야 않을 수 없지 않는가!

말 한대로 이루어지리라. [피그말리온 효과]

Believe you will be successful and you will.

성공할 것이라 믿어라. 그러면 성공할 것이다.

자기계발 작가/강사, 데일 카네기

피그말리온 효과는 긍정적인 기대나 관심으로 인하여 능률이 오르거나 결과가 좋아지는 현상을 말한다. 그리스신화에 나오는 조각가 외모 콤플렉스를 가진 피그말리온의 이야기다. 피그말리온은 여인상 갈라테이아를 조각한다. 그러다 그 조각상 갈라테이아를 사랑하게 된다. 그리고 매일 신께 빈다. 여신 비너스는 피그말리온의 지고지순한 사랑에 감동하여 조각상에 생명을 불어 넣어 주었다고 한다.

중학교 때 친구 P가 있다. 그 친구는 좀 내성적인 성격이며, 공부는 중상위권 정도였으며, 항상 무엇이든지 성실한 타입의 친구였다. 학기 초 서로에 대해서 잘 모를 때, 선생님은 전체 아이들을 대신할 임시 반장을 뽑았다. 선생님은 그 친구가 1번이라는 이유로 그 친구를 임시반장으로 뽑았다. 임시였지만, 그 친구는 처음으로 반장이라는 타이틀을 갖게 된 것이다. 그렇게 3월부터 두 달여간 임시반장을 하는 동안 어느 누구 못지않게 열심히 하는 그 친구를 발견할 수 있었다. 임시반장이었지만, 선생님의 기대에 어긋나는 학생이 되지 않기 위해 열심히 노력하는 모습을 볼 수 있었다. 평소보다 일찍 등교하고, 평소 신경 쓰지 않던 칠판 정리도 미리 해놓기도 하며 말이다. 평소 성실했던 그 친구의 인성도 있었지만, 선생님이나 같은 반 친구들의 기대와 관심으로 진정한 모범생 반장이 되려 했던 것이다. 그리고 진짜 반장 선거가 있던 날 그 친구는 그 반 학생들이 뽑은 진짜 반장이 되었다. 그리고 그 친구의 성적은 나날이 좋아졌다. 학창시절 이런 경우를 본 적이 있을 것이다. 대표적인 '피그말리온 효과'인 것이다. 주위 사람들의 기대에 부응하기 위해 그 친구는 열심히 한 것이다. 그러자 그 결과가 좋게 나오고, 진정한 반장의 타이틀을 갖게 되고, 더 열심히 하게 되어 성적까지 향상이 된 것이다.

공표하고 떠들고 자랑하라는 것이 괜히 하라는 것이 아니다. 이제 여러분은 상황만 만들면 된다. 위의 예에서는 상황 자체는 타인인 선생님이 만들어 준 것이다. 그러자 그 친구는 그 상황을 잘 인식하고, 더 열심히 하게 되어 좋은 결과를 이뤄낸 셈이다. 그 상황만 내 손으로 만들면, 피그말리온의 효과로 더더욱 열심히 할 수 있게 된다. 그래서 공표하고 떠들고 자랑하라는 것이다. 친구를 만나서 직접 얘기하는 것도 좋고, 위에서 언급한바와 같이 SNS를 통해서 주위 사람들이 다 볼 수 있도록 문서화해서 공공이 하는 방법도 있다. 공표하고 난 후, 주위 사람들은 당연히 관심을 갖기 마련이다. 그러다 그 SNS의 공약을 본 친구를 만날 때면, SNS를 통해 공표했던 내용이 어찌되어 가는 지 묻게 된다. 그리고 공표한 이는 실없는 사람이 되지 않기 위해서라도 그 약속을 지키기 위해 열심히 임하게 되는 것이다.

여기서 공표하기에 앞서, 목표는 좀 더 구체적인 것이 좋다. 두루뭉술하게 '나의 꿈은 OOO이 되는 것이야.' 이런 식으로 언제, 어떻게 될지도 모르게 뭉뚱그려 써 놓으면 공표한 당사자도 무엇부터 접근해야 할지 감이 잡히지 않기 때문이다. 그리고 큰 꿈만 써 놓으면, 핑계나 변명으로 대응할 수 있기에, 처음부터 차단해야 한다. 큰 꿈을 토대로 6개월 안에 혹은 O월 O일까지 자격증 취득하기, O월 O일까지 책 100권 읽기처럼 구체적인 목표가 되어야 할 것이다. 실없는 사람이 되지 않으려면 공표하고 떠들고, 자랑한 후, 아무것도 하지 않고 있을 순 없지 않은가? 공표를 하게 되면 남들에게 허풍쟁이가 되기 싫어서라도, 내가 제시한 공약을 지키기 위해서라도 뭐든 하게 되어 있다. 그러다 보면, 그렇게 한발 한발 실행을 해나가다 보면, 원하는 바를 이룰 수 있는 것이다.

[7]
'자기 암시'로 생활화하라
[끌어당김의 법칙]

"나는 날마다 모든 면에서 좋아지고 있다."
〈자기암시〉, 프랑스 심리치료사/약사, 에밀쿠에

콜롬비아 대학교에서 의학박사 학위를 받고, 암스테르담, 파리, 로마대학에서 의학교수로 재직했던 맥스웰 몰츠의 저서 〈맥스웰몰츠의 성공의 법칙〉에 나오는 이야기다. 그는 '정신의 영화관[The theater of the mind]' 즉, 일종의 이미지 트레이닝으로 어떤 상황이 실제 발생되기 이전에 앞서, 머릿속으로 원하는 어떤 장면을 영화를 보듯이 먼저 상상해 보라는 것이다. 상상을 하고 난 후, 실제 상황에서 어떤 일을 행했을 때, 상상했던 것이 그대로 행해진다는 것이다.

커리어 그랜드 슬램을 3번이나 달성한 골프의 제왕, 잭 니클라우스는 이렇게 말했다. "나는 골프 시합을 할 때마다 항상 머릿속에다 정확한 그림을 그린다. 그리고 나는 공이 멈춰야 할 지점을 바라본 후 그곳으로 날아갈 공의 탄도와 착지점을 바라본다. 그다음에야 나는 내가 그린 이미지를 실제 상황으로 바꾸어 줄 스윙을 할 수 있다." 잭 니클라우스는 매 순간 이미지 트레이닝을 한 후 샷을 날렸고, 또 그로인해 원하는 샷을 성공적으로 얻었다고 한다. 2000년 시드니 올림픽에서도 이 책〈맥스웰몰츠의 성공의 법칙〉에 나오는 이미지 트레이닝을 실제로 선수들에게 적용해 훈련과 경기에서 좋은 성과를 거두었다고도 한다. 그리고 미국, 독일을 비롯하여 한국 양궁, 프로 골프 등 감독과 선수들에게 정신과 심리 훈련 교과서로 삼았다고도 한다.

'상상하면 곧 이루어진다.' 동화 속 얘기인 것도 같지만, 실제 위와 같은 연구사례를 통해 입증된 사실만 보아도, 지금 당장 시작해 보고 싶지 않은가? 물론 아무 것도 하지 않으면서 그저 이뤄지길 상상만 한다면 이뤄질 수 있을까? 분명 그건 아닐 것이다. 잭 니클라우스도 올림픽 선수들도 피나는 노력과 땀이 있었기에 이미지 트레이닝으로 배가의 효과를 맛보았던 것이다. '5초 실행'부터 시작하자. 오늘부터 '5초 실행'을 시작하며, 이미지 트레이닝도 함께 하는 것이다. 자기암시는 굉장히 중요한 부분임에는 틀림없다. 할 수 있는 것도, 할 수 없다 생각하면 할 수 없는 것이다. 늘 긍정적인 마인드로 할 수 없는 것도 할 수 있다고 생각하자.

자기암시=이미지 트레이닝

여러분은 최종 목표를 염두에 두고 세운 구체적인 목표가 있을 것이다. 아직도 구체적인 목표를 세우지 않았다면 그것부터 먼저 만들기를 바란다. 당장 매일 아침 눈을 뜨면서 그 목표들을 자기 암시화 하는 것부터 시작하자. 나는 매일같이 일어나서 더 재미있고 더 유익한 강사의 모습이 되어 있는 나의 모습을 상상한다. 이런 상상이 반복될수록 처음보다 상상에서의 얻는 즐거움을 느끼게 되고, 또 순간적으로 어떤 때는 마치 내가 유명 스타가 된 것 같은 착각을 느낄 때도 있다. 자기 암시로 기분도 좋아지고, 기분이 좋아지니, 활력이 생겨 무엇이든 해야겠다는 의지가 불타오르게 되고, 그 의지로 실행의 문을 여는 것을 게을리 하지 않게 된다. 입으로 되 뇌이게 되는 나의 목표와 머릿속으로 상상하는 나의 미래 모습을 생각하면 결코 게을러질 수 없다.

옛말에 '가수는 노래 따라 간다.'는 말이 있다. 노래 제목이나, 가사의 내용대로 그 사람의 운명이 같이 간다는 말이기도 하다. 어찌 보면 말도 안 되는 것 같지만, 어느 정도 일리가 있다. 본인이 그렇게 생각하지 않아도 반복적으로 노래를 부르고, 가사를 음미하다보면 적어도 그때만큼은 그런 의식이 생기고 감정 이입까지 될 수도 있다. 그러다보면 우리의 뇌는 이러한 상황들을 자신의 감정으로 착각하고 믿게 되는 상황까지 생기게 되는 것이다. 비단, 가수뿐만의 얘기는 아닐 것이다. 이렇듯 상상의 이미지트레이닝과 입으로 내뱉는 모든 말들은 굉장히 중요하다. 반복적인 자기 암시의 생활로 충분히 나의 인생에도 변화가 올 수 있다는 것이다.

> '끌어당김 법칙'의 자력은 온 우주로 뻗어나가 진동적으로 유사한 다른 생각들을 끌어와서 당신에게 가져다줍니다. 즉 어떤 대상에 주의가 가거나 어떤 생각을 활성화시키게 되면, '끌어당김의 법칙'이 그에 반응함으로써 그에 상응하는 사람들과 사건들과 환경들을 당신의 삶속으로 가져다주게 됩니다. 이러한 모든 것들은 당신의 생각과 진동적으로 일치되는 것들로서 일종의 강력한 자력의 집중을 통해서 당신의 삶에 나타나게 됩니다.
>
> 〈끌어당김의 힘〉, 제리&에스더 힉스

온 우주가 내가 생각하는 대로 알게 모르게 돌아가고 있다는 뜻이기도 하다. 내가 무심코 생각한 잠깐의 부정적인 생각까지도 내 인생에 지대한 영향을 미칠 수 있다는 것이다. 나는 이 것과 관련하여 어떤 심오한 원리나 이론은 사실 잘 모른다. 다만, '된다'라는 자기암시는 반드시 필요하고, 또한 생활화로 연결되어야 한다고 믿는다. 잭 니클라우스처럼 자기암시[이미지

트레이닝]를 일상의 생활화로 해야 하며, 가수가 자신의 노래를 반복해서 부르고 감정이입 하듯이, 내가 원하고 뜻한 바를 항상 염두에 두고 때로는 입으로도 내뱉는 과정이 필요 하다는 것이다. 결코 어려운 일은 아니다. 지금 당장 '자기암시화' 시작해보자.

Chapter **06**

청춘,
'5초 실행'이 전부다,
'5초 실행'이 진짜다

[**1**]
'5초 실행' 속에서
설렘을 만난다

I never did a day's work in my life. It was all fun.
나는 평생 하루도 일을 하지 않았다. 그것은 모두 재미있는 놀이였다.

발명가/GE사 설립자, 토마스 엘바 에디슨

누구보다 많은 성취감을 맛보았을 에디슨, 반면 많은 성취감 이면에는 무수히 많은 실패가 있었음도 분명하다. 그 실패가 있었기에 성취감도 맛있게 맛 볼 수 있었던 것이다. 그는 진정 일을 일이라 생각하지 않고, 그저 즐기는 놀이쯤으로 생각했기에 일에서 오는 설렘을 재미있는 놀이로 맘껏 즐길 수 있었던 것이다.

지극히 교과서적인 내용이다. "흥! 나도 그쯤은 알고 있어.

그게 내 마음대로 안 되어서 그렇지." 그런 말이 불쑥 먼저 튀어나오는 것은 무슨 이유에서일까? "그분들은 나와는 다른 세계의 사람들이라 그렇게 할 수 있었던 것일 거야." 라는 생각밖에 안 들고 나는 그저 평범한 사람이라는 생각만 들 뿐이다. 말그대로 위대한 업적을 가진 위인들이기에 그것이 가능한 얘기이고, 우리는 그저 평범한 사람이기에 안 되는 것일까? 그래서 피부 깊숙이 와 닿지 않는 것일까?

그분들과 우리 평범한 사람들의 차이는 분명히 있긴 있다. 그것은 실패를 받아들이는 자세에 있다. 우리는 실패라는 결과를 실패로만 받아들이는 경향이 있다. 그래서 더 힘들고 아프게 느껴지는 것이다. 더 힘들고 아팠기에 다시 도전 할 엄두를 내지 못하는 것이다. 하지만, 위대한 업적을 가진 그들은 실패마저도 달게 받아들였고, 실패를 거울삼아 또 다른 도전의 기회로 삼았던 것이다. 그들은 진정 실패에 대한 두려움이 없었던 것일까? 실패를 한 번이라도 맛 본 사람이 그 다음 도전에 대한 두려움이 없다는 것은 거짓일 것이다. 다만, 수많은 실패 속에서 성공을 맛보았고, 그 성공의 성취감은 말할 수 없이 달콤했기에 그 다음 도전에 대한 설렘이 오히려 더 컸던 것이다. 한마디로 그들은 실패로부터의 회복력이 굉장히 빨랐던 것이다.

얼마 전 스타강사 김미경의 토크콘서트에 다녀왔다. 그녀의 입담은 여전했다. 그녀에게선 그녀만의 에너지가 흘러넘쳤다.

유쾌하고, 즐겁고 활기차다. 그녀를 보는 이, 듣는 이들도 더불어 즐겁고 유쾌해진다. 2013년 이화여대 논문 표절로 신문 1면을 도배하다시피 했던 일이 있은 후로, 그녀의 화려했던 활동들이 눈에 띄게 줄었었다. 하지만, 그 사건이 오히려 눈코 뜰새 없이 바빴던 그녀에게 새로운 터닝포인트를 준 계기가 됐다고 한다. 그 휴식기에 홀로 3개월간 미국 유학생활을 했으며, 이를 악물고 영어공부에만 전념했다고 한다. 그리고 쉬면서 많은 생각을 했고, '불행도 내편이다.' 라는 생각으로 모든 것을 받아들이고, '나 자신을 지독히 사랑하자.'라는 해석으로 힘들었던 시기를 극복했다고 한다. 그녀의 그런 해석력이 그리고 회복력이 더 좋은 컨텐츠를 가지고 오늘의 김미경으로 다시 무대 위에 설 수 있게 만든 것이다.

옛말에 '시간이 약이다.'라는 말이 있다. 개인마다 시간의 길이에 다소 차이가 있긴 하지만, 시간이 지나면서 서서히 물리적인 상처든 심리적인 상처든 치유되기 마련이다. 하지만, 시간이 지남에도 불구하고, 계속 구렁텅이의 나락으로 떨어지는 사람들도 있다. 그것은 그만큼 회복력이 약하기 때문이다. 그 회복력은 자신의 마음가짐에 달려있다. 나 자신을 사랑해야 한다. 그래야 모든 힘든 시련도 상처받지 않고 받아들이고 극복도 해낼 수 있다. 또한, 회복력이 빠르면 새로운 실행을 시작하는데 두려움이 없다. 하나의 상처를 회복해봤기 때문에 또다른 실패에 대한 두려움이 없는 것이다. 그런 실패의 경험으로 이제는 오히려 새로운 실행은 설렘을 가져다준다.

하고 싶다.

본인이 원해서 하는 실행은 자발적이어서, 자연스레 '하고 싶다'는 생각이 마구 샘솟는다. 내겐 6살짜리 조카가 있다. 옛말에 '미운 일곱 살'이라 그랬던가? 지금 딱 그 시기인 것 같다. 뭐든 말하면 거꾸로 하고 반대로 하니 말이다. 가끔 그런 조카를 통해 '인간 본연의 본성이 이런 것이구나.' 라고 새삼 느낄 때가 있다. 그런데 그런 어리고 자기밖에 모르는 개구쟁이 조카에게서 의외의 면을 볼 때가 종종 있다. 언젠가 이모인 내가 팔이 아프다고 하니, 쪼르르 달려와 고사리 같은 손으로 내 팔을 막 주물러댄다. 하는 짓이 하도 기특해서, 막 칭찬해주고 고맙다하며 뽀뽀도 해주었다. 그 칭찬이 기분이 좋았나보다. 그 다음에 만났을 때, "이모 아픈데 없어요?"하고 먼저 내게 묻는다. 어찌 예뻐하지 않을 수 있겠는가! 내가 해줬던 칭찬이 기분이 좋았던 기억으로 남아 있었던 것이다. 그런 것 같다. 사람이란 본디 자기가 어떤 일에 기여했거나 자신의 존재감을 인정받을 때, 그때 보람을 느끼게 되는 것이다. 이처럼, 동기야 어찌되었든지 간에 자신이 하고 싶다는 마음이 생긴다면, 본인 스스로 하게 되어있다. 그것이 타인의 긍정적 기대치에 의한 것이든, 본인이 진정 원해서든, '하고 싶다'라는 열정이나 의욕은 잠자고 있던 당신의 몸을 시동 걸어 바로 실행할 수 있게 해주는 최고의 휘발유와 같다.

2006년 영국에서 유학 생활 하던 시기. 지금 생각해보면, 나에겐 즐거운 추억과 힘들고 외로운 추억이 함께 있다. 유학 가기 전 직장생활과 늦깎이 대학생의 삶을 병행했기에 월급 대부분을 학비로 충당해야 해야 했다. 내 수중엔 유학을 가기엔 턱없이 부족한 돈이 남아 있었다. 이것저것 고민도 많았지만 우선, 영국에 학비를 송금했고, 나머지 돈을 들고 무작정 영국으로 향했다. 그 돈은 영국에서 약 6개월 정도 생활할 수 있는 돈으로, 그것이 내가 가진 전부였다. 영국의 물가는 한국의 2배 가까이 되는 물가로, 모든 것이 나에겐 너무나 비쌌다. 흔하게 사먹을 수 있는 500원 하는 생수도 그곳에선, 1파운드(한화 약 1,900원)가 훌쩍 넘었다. 그 중에서도 집세가 나의 생계비에서 가장 많은 비중을 차지하고 있었다. 앞으로 그곳 영국에서 살아남으려면, 어떻게든 돈을 벌어야 했다. 처음엔 영어가 많이 서툴러서 아르바이트 자리를 구하기가 너무 힘들었다. 그렇게 하기를 몇 개월, 어느 정도 영국의 생활에 익숙해졌고, 기본적인 의사소통도 가능해지고 난 후, 아르바이트 찾는데 주력했다. 한국에서 한 번도 일해보지 않은 서비스 분야의 스타벅스에 이력서를 냈고, 맥도날드, 버거킹, 일식집등 닥치는 대로 이력서를 넣었다. 한국에서 원할 때 언제든 사 마셨던 스타벅스가 왠지 친숙하게 느껴졌으며, 그곳 스타벅스에서 너무나 일이

하고 싶었다. 그야말로 나의 로망의 아르바이트였다. 그러나 스타벅스를 포함해 어느 곳 한 군데서도 면접보자는 연락은 없었다. 점점 마음이 초조해지기 시작했다. '그냥 한국 식당에 가서 이력서 내볼까?' 하는 생각도 들었지만, 영국까지 와서 한국 식당에서 일하고 싶진 않았다.

정말 일하고 싶었다. 자칫 그대로 눌러앉아 있으면, 생활비 부족으로 계획했던 연수기간을 다 채우지 못하고 돌아와야 하는 상황이었다. 정말 앞이 캄캄했다. 하루하루가 너무 초조했고, 그런 내 자신의 상황에, 돈 없는 내 자신에게, 원망까지 더해졌다. 그러다 어느 날 이력서를 들고 영국의 시내 중심지인 zone1의 피카딜리 서커스에 위치한 'Japan Centre'라는 꽤 큰 레스토랑에 그냥 무작정 들어가서 일하고 싶다고, 면접을 보고 싶다 말했다. 점원은 나에게 자리로 안내해주었고, 조금 있다 매니저가 내게 왔다. 그 레스토랑의 매니저는 전형적인 일본사람이었다. '마코토', 이름은 기억나지 않고, 그저 우리는 '마코토상'이라 매번 불렀었기에, 그냥 그 사람은 지금껏 나의 뇌에 그렇게만 저장되어 있다. 정말 떨리는 인터뷰의 순간, 매니저는 '왜 하필 영국의 많은 레스토랑 중 여기에서 일하고 싶은 이유가 뭐냐?'라는 질문으로 인터뷰를 시작했다. 나는 성심 성의껏 진심을 다해 여기서 반드시 일하고 싶다는 것을 매니저에게 피력했다. 나의 진심이 통했는지, 이틀 후 출근해도 좋다는 오케이 사인을 받았다. 정말 날아갈 듯이 기뻤다. 이 먼 곳, 영국이라는 타국에 와서 어쨌든 내 이름을 걸고 얻은 일자리인 것이다. 그때 그날, 아르바이트 첫 출근할 때를 생각하면, 지금도 설렌다. 사실 설레기도 했고, 약간 두려움 같은 것도 있었다. 코스모폴리탄 도시답게 다국적의 고객을 대상으로 하는 레스토랑이었기에, 영어로 주문도 받아야 했고, 레스토랑에 있는 여러 나라 국적의 웨이터, 웨이트레스, 주방 직원들과의 의사소통도 영어로 해야 했다. 그야말로 영국이라는 나라를 몸으로 체험한 내겐 너무나도 소중한 시간들이었다.

'하고 싶다'라는 마음과 실행력이 합쳐지면, 너무나도 강력한 힘이 생긴다. 그것은 다름 아닌, 자발적 동기부여의 힘이라 할 수 있다. 본인 스스로 '하고 싶다.'라는 마음에서 우러나와 실행하는 것이기 때문이다. 진정 하고 싶어서 실행한 자와, 마지못해 남들이 다 하니까, 나도 해야 한다는 의무감에 실행한 자의 차이는 너무나 극명하게 다르다. 그래서 무슨 일을 하던 '하고 싶다'라는 마음가짐이 중요한 것이다. '하고 싶다'라는 마음가짐을 가지자. 그 마음을 가지면 설렘과 함께 실행력에서 배의 효과를 볼 수 있다. 지금 당장 당신이 해야 할 것은 '하고 싶다'는 마음을 동반한 '5초 실행'을 시작하면 된다. 너무 큰 욕심 부리지 않고, '천리 길도 한 걸음'이라는 생각으로 '5초 실행' 혁명 프로젝트 7법칙을 하나씩 실행해 나가자.

[2]
'5초 실행'이 물리친
게으름

생각해! 계획해! 메모해! 결정해! 시작해! 도전해! 행동해! 노래해! 전화해!
사랑한다 말해! 그리고 뒤에 이 말을 꼭 붙일 것. '지금 당장'

[365일 매일 읽는 감성트윗], 박성철

미룸이의 힘은 예상외로 엄청나다. 안 그러려고 안 그러려고
해도, 그 미룸이란 놈에겐 자꾸 지게 되는 내 모습을 발견하게
된다. "내가 너무 나태해서 그런 걸까요? 내가 너무 게으른 걸
까요?" 아니다. 결코 그래서 만이 아니다. 그동안 우리를 지배
하고 있던 '습관'이라는 것이 미룸이에게는 속수무책이다. 그동
안 방치해두었던 습관이라는 것을 슬슬 정비하는 것부터 시작
해야 할 때다. '5초 실행'으로 지금 당장 일어나자. 그렇게 해야
이 습관이라는 것이 조금씩 바뀌기 시작한다. 많은 것이 한꺼

번에 바뀌길 기대하지 않는다. 다만, 조금씩 단 매일 실행해야한다.

'지금 당장'이다. 좀 있다가... 5분만 있다가... 그렇게 생각하고 행동하면 이미 늦은 것이다. 내일도 아닌 모레도 아닌 오늘의 지금 이 순간 '지금 당장'이다. 생각이 많아지면 곧 그것을 실행으로 바로 옮기기가 힘들어 진다. 선 실행 후 생각하자. 간혹, 버그가 약간씩 생길수도 있지만, 다시 항로를 바꾸면 그만이다. 늘 내안에 원대한 목표와 꿈을 각인 시키고, 자잘하고도 구체적인 실행들을 행하면 된다. 실패하지 않을 작고 구체적인 것들을 시작하다보면 성취감도 쉽게 얻을 수 있다. 실행하는 사람만이 승자가 된다. 내안의 게으름, 마음까지도 실행 먼저 하게 되면, 그다음은 자연스레 따라오게 되어 있다. 그러다보면 우연을 가장한 필연의 성공과 마주칠 때가 반드시 찾아온다.

> 예기치 못한 사건이 움직일 때마다 무엇인가 우리에게 힌트를 줄때가 있다. 꿈이 있어야 힌트와 만나서 그것이 긍정적 방향으로 흘러간다. 상황과 꿈이 만날 수 있다.
>
> **세상을 바꾸는 시간 475회 아트스피치 원장, 김미경**

항상 머릿속에 늘 바라던 꿈과 목표를 각인시키고 생활을 하면, 그 생활 속의 어떤 작은 행동들은 그 꿈, 목표와 관련한 상황을 만들어 주고, 나도 모르게 그 우연 같은 힌트를 소중한 기회로 낚아채게 된다. 우연의 일치인 듯 보이지만, 알게 모르게 내안의 나는 소리 없이 꿈과 목표를 향해 움직이고 실행하고 있었던 것이다.

그렇게 우연 같은 필연의 작지만 소중한 성취감을 반복적으로 접하다보면 어느새 늘 진드기처럼 들러붙어 따라 다녔던 게으름은 소리 소문 없이 자취조차 찾아볼 수 없게 된다. 이것이야말로 '지금 당장' 바로 실천한 실행의 힘 덕분이다. 실행만이 나의 몸에 들러붙어 있는 게으름을 떨쳐 낼 수 있는 것이다.

나도 오랜 직장생활 끝에 전업주부라는 명분아래 집에서 백수 아닌 백수의 시절이 있었다. 처음 한 달 간은 정말 천국과도 같은 삶이라 느껴졌다. 하지만, 얼마 지나지 않아 뭔가 해야 되는데, 너무 허송세월하고 있는 것 같은 느낌이 들면서, 참을 수 없을 만큼의 답답함마저 느껴졌다. 그러던 중 내가 정말 원하는 것이 무엇일까? 하고 생각하게 되었고, 평소 관심 있던 요리 분야를 떠올렸다. 구에서 운영하는 한식자격증 과정, 제과/제빵 자격증 과정을 각 강좌 당 5만원이 채 안 되는 수강료로 꽤나 저렴한 가격에 수강할 수 있었다. 처음에는 나라에서 운영하는 프로그램에 대한 신뢰감이 없었다. 그것도 단시간에 수강하고 자격취득을 할 수 있을까? 말이다. 시중에 수강료가 몇 십만원씩 하는 내로라하는 사설학원이 즐비했고, 반드시 그런 곳을 수강해서 다녀야 자격증을 취득할 수 있을 것이라는 잘못된 생각을 했었던 것이다. 그로부터 3개월 후, 한식자격증을 취득하였고, 차례로 제빵/제과 자격증도 모두 취득하게 되었다. 처음에는 자격증 취득할 생각은 없었다. 그저 취미삼아 수강했던 수업이었는데, 막상 수업을 듣기 시작하니까, 자격증에 욕심이 났고, 자격증을 따야겠다는 마음을 먹으니, 수업에 더 충실할 수밖에 없었다. 그런데 자격증을 따고 보니, 자연스레 그 자격증을 가지고 할 수 있는 새로운 일이 없을까 또 생각하게 되었다. 그러다 아동요리 강사 분야로 관심을 갖게 되고 그쪽 일을 시작하게 되었고, 이어서 성인 베이킹 강사의 일까지 시작하게 되었다.

뭔가 새로운 것을 시작하면 반드시 새로운 길이 열리기 마련이다. 만약 전업주부라는 타이틀에 만족하고, 아무것도 시도하지 않고, 실행하지 않았다면, 기존 분야와 전혀 다른 새로운 일을 직업으로 시작하는 것은 상상조차 할 수 없었을 것이다. 그래서 많은 생각을 하지 말라는 것이다. 앞뒤 다 재다 시간만 흘러가고, 나중에서야 '아~ 그때 그냥 시작할걸...' 그런 후회만이 남는 것이다. 실행 먼저 시작하면, 내 몸 안의 게으름은 쉽게 떨칠 수 있다. 앞으로 미래가 어떻게 될지 미리 겁내지 말고, 걱정하지 말고, 실행 먼저 하면 된다. '5초 실행'을 시작하면, 시작 한 그 시점부터 이미 내 등 뒤의 게으름은 온데간데없이 사라져 있을 것이다.

실패가 이겨낸 게으름

직장인들을 포함한 모든 사람들에게 '아침 시간'이란 정말이지 황금 같은 시간이다. 그 아침을 어떻게 맞이하느냐가 그 날 하루의 운을 점쳐 주는 것과도 같다. 그리고 그 날 하루의 컨디션 또한 좌지우지 한다. 그 옛날 나의 20대 〈아침형 인간-사이쇼 히로시〉를 읽고 무던히 이른 아침 기상을 시도했지만, 번번이 실패하게 되는 내 자신을 발견하곤 했다. 역시나 지금도 아침잠은 많지만, 그때는 왜 그렇게 아침잠이 많았는지, 주말이면 누가 뭐랄 것도 없이 정오 12시가 다 될 때까지 내리 자는 것을 당연시 해왔다. 그때부터 그렇게 아침시간의 중요성을 늘 인지하고는 있었지만, 여전히 잘 실천되지 않는 것 중의 하나였다. 하지만, '5초 실행'을 하고 부터는 아침에 일어나는 것이 그리 힘들지 않다. 아니, 좀 더 솔직히 말하면 힘들긴 하다. 하지만, '5초 실행'이라는 구호와 함께 일어나야겠다는 신념이 생긴 이후로는 그 전보다 눈뜨는 것이 훨씬 수월해졌다. 그것은 나의 꿈과 목표가 있고, 그것을 늘 나의 뇌에 각인시키고, 이루려고 하는 것이기에 가능한 것이다. 또한 이전에 수없이 많은 실패를 해봤기에 그리고 무엇보다 남들 자고 있는 시각에 일어나서 나는 무엇인가를 하고 있다는 것 자체가 큰 성취감으로 다가와 아침 기상이 수월하게 느껴진다. 힘든 기상보다 성취감의 기쁨이 더 크다.

의학박사이자 경영학 박사이며, 뇌 과학과 경영조직론, 멘토

와 코칭에 관한 심리학 등 폭넓은 분야를 연구하고 있는 이노우에 히로유키는 〈생각만 하는 사람 생각을 실현하는 사람〉에서 다음과 같이 말하고 있다. 인간의 뇌에서 하루 중 알파파가 가장 많이 나오는 시간은 아침에 막 잠에서 깨어났을 때의 약 30분으로 알려져 있다. 기억과 집중력의 차이는 의식 뇌를 쓰느냐 무의식 뇌를 쓰느냐에 따라 현격하게 차이가 난다. 그것은 이미 오래 전에 밝혀진 사실이나. 의식 뇌를 써서 집중한 결과는 그리 오래 가지 않는 단기 기억에 저장된다. 반면 무의식 뇌에 저장된 기억은 의지와는 상관없이 거의 평생을 지배할 수 있을 정도로 뇌 속에 오래 머무는 장기기억이다. 그러한 무의식 뇌를 자극하는 뇌파가 바로 알파파다. 알파파가 주로 나오는 시간대가 아침에 일어나서 30분이니, 조금 넉넉하게 계산하면 아침의 1시간 정도를 알파파 시간대로 보면 될 것이다.

아침에 막 잠에서 깨어났을 때는 정말 비몽사몽이다. 이때가 바로 무의식에 가까운 때라 더 중요한 시간이기도 하다. 이 시간이, 책을 읽든 공부를 하든 장기기억으로 갈 수 있는 무의식의 시점이기에 중요하다는 것이다. 여기서 삶의 승패가 가려지는지도 모른다. 이 아침시간을 어떻게 보내느냐에 따라 말이다. 이래도 아침 시간을 그냥 흘려보낼 것인가?

자칫 불타는 욕심에 일어나자마자 책상에 앉는다. 무의식이고 뭐고 비몽사몽 덜 깬 잠은 다시 졸음으로 쏟아진다. 이도저도 아닐 바에야 나가서 동네 한 바퀴 돌며 상쾌한 아침 공기를 마시며 산책한 후, 책상에 앉아 단 한 페이지이라도 좋으니, 집중해서 책장을 넘겨본다. 늘 시간에 쫓겨 촉박했던 아침은 사라지고 여유 있고, 기분 좋은 아침을 맞이하게 될 수 있다. 그 동안 아침 기상의 실패는 이미 많이 해봤다. 이제는 '5초 실행'을 외치면 자동반사적으로 기상할 수 있다. '5초 실행'을 외치자. 그저 일어나는 일만 남은 것이다. 이전에 수없이 많았던 실패의 전례를 '5초 실행'이 한순간에 물리쳐 줄 것이다. 앞으로 '5초 실행'이 게으름을 이겨내는 원동력이 될 것이다.

[**3**]
'5초 실행'이 가져다 준
변화

나는 힘이 센 강자도 아니고 그렇다고 두뇌가 뛰어난 천재도 아닙니다.
날마다 새롭게 변했을 뿐입니다.
'change(변화)'의 g를 c로 바꿔 보십시오,
'chance(기회)'가 되지 않습니까?'
변화 속에 반드시 기회가 숨어 있습니다.

마이크로소프트, 빌게이츠

익히 알려진 파이프라인의 우화가 있다. 식수 공급이 안 되어
강에서 물을 길어다 마셔야 하는 마을이 있다. H와 J는 강으로
부터 물을 길어 날라다 주는 일에 독점 판매권을 따게 된다. 그
리고 아주 성실히 그 일을 한다. 그러다 채 며칠이 되지 않아,
손과 발이 부르트고, 하루도 몸이 성할 날이 없다. 그러던 어
느 날 H는 좀 더 쉬운 방법의 물 공급 하는 법을 곰곰이 생각한
다. 그리고 J에게 파이프라인의 구축을 제안한다. 하지만, J는
현재 시점의 독점 판매권에 만족하고, 묵묵히 성실하게 강에

서 물을 길어다 나르는 일을 하는 것에 불만이 없다. 수로를 파고 송수관을 연결하는 일 자체가 엄두가 나지 않았으며, 새로운 일을 벌이는 일이 귀찮게만 느껴졌다. 하지만, H는 자신의 뜻을 굽히지 않고, 새로운 동업자를 물색했다. 그러다 동업자를 만나게 되고, 송수관 사업을 진행하게 된다. 송수관 사업을 진행하는 동안은 H에겐 수입이 이전의 절반도 채 되지 않았다. 하지만, H는 송수관 사업이 완공되는 날만을 목표로 하여 즐거운 상상과 함께 열심히 일했다. 그리고 결국 송수관과 강을 연결해 마을에서 원하기만 하면 언제든 수도꼭지만 틀면 깨끗한 물을 쓸 수 있게 되었다. 이제는 더 이상 H는 물을 길어 나르지 않아도 사람들이 물을 쓰는 만큼 H의 수입은 계속해서 늘어날 것이다.

하지만, J는 H에 비해서 강에서 물을 길어 나르는 일의 경쟁력이 떨어지고 더 이상 그 일을 할 수 없게 된다. 졸지에 직업을 잃게 되었고, H가 송수관 사업을 제안할 때 '힘들다. 귀찮다. 그게 어떻게 가능하겠어? 언제 그 일이 이루어지겠어?'라고 부정적으로만 말했던 자신의 행동이 너무나도 후회스럽고, 한심스럽게 느껴졌다.

사람들은 변화를 두려워한다. 아니 귀찮아한다. 실행도 하나의 변화이기에 귀찮고 힘들다. 잠시 잠깐의 쾌락이나 안주하는 삶은 영원할 수 없다. H는 평소 수입의 절반도 되지 않는 힘든 시기를 감내하면서 언젠가 다가올 미래를 본인만의 방식으로 목표하고, 계획하고, 상상하며 열심히 한 덕분에 좋은 결과를 얻을 수 있었던 것이다.

사실, 파이프라인 우화에서는 변화를 주어 열심히 노력하는 자가 반드시 값진 열매를 얻는다는 일면만 강조한 면이 없지 않아 있기는 하다. 그렇기에 반대의 이견도 있다. 위의 사례가 지금 이 현실에서는 그리 간단하게 보이는 이야기가 아니라는 얘기다. 송수관이 성공적으로 잘 연결된다는 보장도 없을 것이고, 성공하기까지 어느 정도의 시간이 소요되는지도 불확실하며, 송수관 건설에 들어가는 비용으로 인하여, 예전보다 비싸진 수돗물을 누가, 얼마나 많은 사람이 돈을 더 내고 쓸 것인지에 대한 수요도 고려해야 할 것이고, 앞으로 송수관 유지보수 비용은 얼마나 들어 갈 것인지, 송수관 건설을 하려면 여러 허가도 있어야 될 것이고... 등등 여러 가지 변수들이 뒤따른다.

현대산업에 접목시켜 생각해봤을 때 다양한 이유로, 그저 낙관과 희망만으로 뛰어드는 것은 위험한 모험과도 같다는 얘기다. 그렇다. 위와 같은 의견들에는 각각의 일리가 있다. 하지만, 언제까지 걱정만 하며 해보지도 않고 안 된다고 뒷짐만 지고 있을 것인가?

H처럼 진취적인 사고로 우리는 변해야 한다. 시시각각 급변하는 현대 사회에서 변화만이 우리의 자리를 지키게 해줄 수

있다. 변화를 두려워해서는 안 된다. 그 변화의 첫 번째가 실행일 것이다. 평소와 다른 행동이나 실천들을 말하는 것이다. 탐험가 정신으로 도전하여 실행으로 나 자신의 변화를 추구해야만 한다.

> 사람들은 변화를 바라면서도 두려워한다. 변화하지 않아도 될 이유를 찾으면 위안을 받는다. 변화에는 여러 가지 저항의 패턴이 있다. 변화를 기회로 만들어 가는 사람들은 언제나 성공한다. 이런 사람들은 변화 속에 자신의 몸을 담그는 것을 마다하지 않는다. 그들이라고 두렵지 않겠는가? 그러나 그들은 혼란 속에서 형태를 잡아가는 미래의 모습을 읽는다. 그러나 어떤 사람은 변화가 온통 휩쓸고 간 뒤에도 무엇이 변했는지조차 알지 못한다.
>
> 〈익숙한 것과의 결별〉, 구본형

나에게도 실행이 가져다 준 변화가 많다. 실업고등학교 출신에 이렇다 할 배경도 없는 내가 할 수 있는 것은 오롯이 내 힘으로 무엇이든 도전하는 것이었다. 그래서 직장과 대학생활 4년을 함께 병행하였고, 거기에 머무르지 않고 좀 더 넓은 세상이 보고 싶어 안정적인 회사를 과감히 그만두고, 영국행 비행기에 몸을 실었고, 그리고 그곳에서 그동안 꿈에도 상상 못 할 많은 경험과 지식도 쌓았다. 그 후, 베트남 호치민에 한국 현지법인 건설회사 주재원으로 근무를 하였고, 한국으로 돌아와서는 다시 영어강사가 되기 위해 TESOL과정을 다시 공부하고, 36세의 나이에 영어강사를 시작하였다. 그리고 이런 경험을 발판삼아, 외국계 회사로 이직을 하여 해외 출장도 다니며, 또 다른 새로운 경험들을 쌓았다. 그리고 한때 전업주부로 지내다, 또 다른 도전을 시작하여, 한식조리사 자격증, 제과/제빵 자격증, 케익디자이너 자격증, 한국 아동요리지도자 1급 자격증을 취득하였으며, 문화센터에서 강의도 하고 있다. 그러나 나의 도전은 아직 여기서 끝나지 않았다. 지금도 매일매일 새로운 도전을 하고 있다. 그것은 새로운 도전을 할 때 내가 살아있음을 느낄 수 있기 때문이다. 도전을 하려면, 무엇인가 실행을 시작해야 한다. 그 실행들이 가져다 준 변화는 실로 다양하다. 때론 부정적인 변화도 있었지만, 그런 변화를 접하고, 느껴봤기에 또 새로운 다른 변화를 추구하려고 새로운 실행을 다시 찾게 되는 것이다. 그럴 때마다 나는 '5초 실행'을 외친다.

> 새로운 삶은 하루아침에 시작되지 않는다.
> 영원한 것은 오로지 변화뿐이다.
>
> **그리스 사상가, 철학자, 헤라클레이토스**

[4]
'5초 실행'으로 일관하라

You are what you repeatedly do. Excellence is not an event, it is a habit.

당신의 진정한 모습은 당신이 반복적으로 행하는 행위의 축적물이다. 탁월함은 하나의
사건이 아니라 습성인 것이다.

아리스토텔레스

　다음의 연설은 우리나라 여성들에게도 꽤나 잘 알려진 브랜
드이며, 가방에서 액세서리까지 명품 브랜드 반열에 올라선 미
국 토리버치사의 사업가 토리버치가 밥슨 대학교 졸업 축사
[Babson College Commencement Speech]에서 한 연설의 발
췌문이다. 그녀는 성공을 위해서는 끊임없는 노력과 실행 그리
고 지속의 중요성을 강조하고 있다.

We may live in an age of instant messaging, instant gratification, and Instagram, but there is no way to short-circuit the path to success.

우리는 즉석 메시징, 즉각적인 만족 그리고 인스타그램의 시대에 살고 있는지도 모릅니다. 그러나 성공을 향하는 길에는 우회로가 없습니다.

It takes hard work, tenacity and patience.

열심히 노력해야 하고 끈기와 참을성이 있어야 합니다.

There is no such thing as an overnight success.

벼락 성공 같은 것은 없습니다.

As Biz Stone, one of the founders of Twitter, put it: "Timing, perseverance, and ten years of really hard work will eventually make you look like an overnight success."

트위터의 창업자 중 한 명인 비즈스톤은 이렇게 말했습니다.

"타이밍, 인내, 그리고 10년간 정말 열심히 일하는 것이 결국은 당신을 벼락 성공자처럼 만들어 줄 것이다."

The good news is that if you're willing to pursue your passion, put in the hard work, and believe in yourself, you will succeed.

좋은 소식은 여러분이 여러분의 열정을 기꺼이 추구하고, 열심히 일하고, 자신을 믿는다면, 성공할 것이라는 사실입니다.

〈EBS FM Power English〉, 2016년 1월호 중 발췌

사실, 실행[實行]이란 말이 쉽지, 직접 몸으로 행하기까지, 그리고 그 행함을 꾸준히 지속하는 것은 참으로 어려운 일이다. 어찌 보면 원론적인 이론은 지극히도 식상한 얘기다. 되든

안 되든 하고 싶은 것이 있으면 하라는 얘기다. 그리고 될 때까지 하라는 거다. '쳇 그런 소리 나도 하겠네....' 할 수 있다. 시중의 여타 자기계발서와 별반 차이가 없다고 생각할지도 모른다. 하지만, 내가 진정으로 하고 싶은 말은 후회를 만들지 말자는 것이다. 후회를 만들지 않기 위해서는 뭐든 실행해 보는 것이 최고이기에 해보라는 것이다. 실제 나는 20, 30대의 인생을 이미 흘려보냈고, 40대를 맞이한 이 시점에서, 안 해봐서, 못해봐서 생긴 후회는 내겐 없다. 나름의 다양한 경험을 하고 살아본 경험자이기에 그래서 더 후회만큼은 만들지 말라고 말하고 싶다. 그래서 더 실행의 중요성을 얘기하는 것이다. 우리의 인생이 너무도 완벽해서 그 어떤 실수나 후회가 뒤따르지 않는다면, 굳이 이런 얘기를 왈가왈부하며 장황하게 말할 필요도 없다. 하지만, 우리의 인생은 그 누구도 예측할 수 없는 미지의 세계다. 기왕 그 미지의 세계로 내딛는 발, 본인이 하고 싶은 분야의 방향으로 발을 내딛어 보라는 것이다.

그야말로 벼락같은 성공은 없다. 하지만, 주위에 벼락부자가 된 사람은 본 적 있을 것이다. 복권당첨자 말이다. 그것은 벼락성공이 아니라, 말 그대로 벼락부자다. 벼락부자를 벼락성공이라 말할 수는 없다. 사실, 벼락부자는 자신의 노력을 요구하지는 않는다. 다만, 운이 좋아서 되는 것이니 말이다. 혹자는 계속적인 복권 구입도 하나의 노력이라고 말 할 수도 있다. 그 논리로 따져보자면, 실행도 살 수 있어야 한다. 그래서 어떤 실행 하나 하나를 복권 사듯이 살 수만 있다면, 모든 사람들은 쉽게 얻을 수 있는 벼락성공의 방법을 선택할 테니 말이다. 만약 그것이 가능하다면, 나 또한 복권 사듯이 이루고 싶은 실행들을 맘껏 쇼핑할 수만 있다면, 아마도 내 수중의 모든 재산을 다 털어서라도 살 것이다.

운 좋게 일확천금에 당첨된 **로또** 당첨사를 벼락성공 했다고 말 할 수 있을까? 로또 당첨자 대부분의 삶은 그다지 그렇게 행복한 삶을 영위하는 것이 아니라고 한다. 사기를 당하거나, 아내 혹은 남편과 이혼을 하게 되고, 흥청망청 돈을 쓰다 가산을 탕진하는 지경에 이르게 되는 경우가 많다고 한다. 심지어 노숙자로까지 전락하게 되는 그런 사례를 미국의 뉴스를 통해 접하는 것은 더 이상 그리 어려운 일이 아니다. 그것은 진정 자신의 땀의 결실로 얻은 대가가 아니기 때문에 돈의 가치를 모르기 때문일 것이다. 그래서 흥청망청 쓰는 것이 쉽다. 조금은 비약적일지 모르겠지만, 쉽게 얻은 행운은 조금만 자칫 방심하면 쉽게 날아가는 법이다.

실행하는 사람이야말로 진정한 승리자다. 그 승리는 반드시 성공해서 얻어지는 것이 아닌, 실행을 했기 때문에 승리자인 것이다. 다만 그 실행은 지속성을 요구한다. 100번을 실행하고 실천해야 성공할 수 있는 사례가 있다고 가정해보자. 막상 당사자는 언제까지 몇 번의 실행을 거듭해야 성공하게 되는지 모른다. 그래서 무작정 계속 한다. 그러다 어느 한계점에 다다랐는데, 그것이 99번째까지 실행을 하고서 너무 힘들어 포기를 한 것이다. 정말 안타까운 상황이지만, 간발의 차로 성공의 성취감을 맛볼 수가 없었던 것이다. 비록 성취하지는 못했지만, 그 실패는 그냥 실패가 아닌, 그 어디에서도 살 수 없는 값진 실패다. 실패에서 배운 결과는 후일 반드시 좋은 결과로 온다. 그것을 발판삼아 다시 도전할 수 있기 때문이다. 99번 실행을 해봤기 때문에 그 다음번 도전할 때는 이전보다 훨씬 수월하게 해 낼 수 있다. 결코 헛된 실패가 아닌 것이다.

> I do not think there is any other quality so essential to success of any kind as the quality of perseverance. it overcomes almost everything even nature.
>
> 어떤 종류의 성공이든 인내보다 더 필수적인 자질은 없다.
> 인내는 거의 모든 것, 심지어 천성까지 극복한다.
>
> **미국의 석유 사업가, 존 D. 록펠러**

실행을 행하는 동안은 순전히 나의 의지와 시간과의 싸움이다. 나의 목표, 소신만 무너지지 않는다면, 원하는 일은 진정 실행을 통해서 일궈낼 수 있다.

> The revolution is not an apple that falls when it is ripe.
> You have to make it fall.
>
> 혁명은 다 익어 저절로 떨어지는 사과가 아니다.
> 떨어뜨려야 하는 것이다.
>
> **아르헨티나 출생의 쿠바 정치가/혁명가, 체게바라**

자연의 섭리로는 가을 한창시절이 지나고 나면 만유인력의 법칙에 의해 사과는 자연히 떨어지게 되어있다. 하지만, 때가 되어 자연스레 떨어진 사과를 주워 먹다보면, 여기저기 생채기가 나 있고 심지어 썩어있기까지 해서 최상의 품질을 맛 볼 수 없다. 적당히 거름을 주고 잡초를 뽑아주며 관리를 하다, 적당한 때가 왔을 때 내 손으로 그 사과를 직접 따야 최상의 품질의 사과를 얻을 수 있다. 그래야 달콤하고 맛있는 사과를 내손으로 직접 맛 볼 수 있다. 게다가 떨어져 있는 사과보다, 사먹는 사과보다, 직접 내 손으로 따서 먹는 사과는 더할 나위 없이 맛있다. 그것은 내 손으로 직접 거름도 주고, 잡초도 뽑아주면서 나의 노력과 수고가 녹아있는 사과를 직접 따서 먹는 성취의 보람이 있기 때문일 것이다. 내가 직접 실행하고 이뤄냈기에 더 값진 결실을 맺게 되는 것이다. 물론, 사과나무를 심어만 놓고 돌보지 않는다면, 그 또한 하지 않느니만 못하다. 그 결실은 안 봐도 충분히 짐작할 수 있기 때문이다. 일단 실행을 시작했다면, 포기하지 말고 초지일관 매진해야 하는 것이다. '5초 실행'으로 초지일관 하면 크고, 싱싱하고, 달콤하고, 맛있는 사과를 손에 넣을 수 있다.

[5]
즐기는 '5초 실행'이
진짜다

카르페 디엠(Carpe diem).
'현재를 잡아라.' 또는 '현재를 즐겨라.'
호라티우스의 라틴어 시 한 구절로부터

지금이 적기다. 이 책을 읽고 있는 지금이어야 한다. 더 이상 미룰 곳도, 미룰 시간도 없다. '5초 실행'의 위력을 믿고, 그저 시작하기만 하면 된다. 물론, 의지라는 것이 어느 정도 필요한 것은 사실이다. 하지만, 시작하기에 큰 부담 없는 '5초'다. '5초'만 투자한다 생각하고 실행하면 된다.

몇 일전, 우연히 KBS 1TV를 통해 본 한 부부의 다큐이야기를 얘기해보고자 한다. 15년 전부터 베체트병으로 시력을 점점 잃어가다 결국 시각장애인이 된 아내 김미순씨와 남편 김효근씨가 결혼 30주년을 기념하여 함께 몽골 고비사막 울트라 마라톤에 참여했다. 총 225km를 7일간에 걸쳐 완주해야 하는 마라톤이다. 시각장애인인 아내는 오로지 남편의 손에 의지해서 달려야만 한다. 남편은 자신이 볼 수 있는 몽골의 모든 것들을 앞을 보지 못하는 아내에게 상세히 얘기해주며 손을 꼭 붙잡고 뛴다. 정말 두 분에게 박수를 쳐드리고 싶다. 앞이 보이지 않지만, 희망을 잃지 않고 비장애인도 하기 힘든 코스를 묵묵히 해내는 아내에게도, 자신의 몸 하나도 가누기 힘들 텐데, 힘든 내색조차 하지 않고 아내를 살뜰하게 챙기는 남편에게도 말이다. "아내도 나도 모래사막의 언덕을 오르는 것이 너무 힘들어, 중턱쯤에서 앞을 보지 못하는 아내에게 여기가 정상이라고, 내려가자고 말할 수도 있었는데, 그러지 않았다."라고 말하는 남편에게서, 나는 '해내겠다.'는 그들의 의지와 열의를 볼 수 있었다. 일주일 코스중 하나인 모래언덕 완주를 다 하던, 하지 않던 그것은 중요한 것이 아니다. 두 분이 함께 몽골까지 가서 장장 225km의 마라톤에 참가한 것만으로도 대단한 것이다. 하지만, 그들은 225km 모두 완주해냈다. 그들은 진짜 실행을 몸소 실천하고 있는 것이다. 남편의 말대로, 모래언덕 중턱쯤에서 앞이 안 보이는 아내에게 여기가 정상이라고, 그만 내려가자고 하고 내려와도 뭐라 그럴 사람은 아무도 없었다. 하지만, 힘든 고비사막의 모래언덕 정상을 정복하고 행복해하며, 또 다시 내일을 준비하는 그들의 모습에서 나는 그들만의 신념을 볼 수 있었다.

어떤 이에게는 그것이 사서 고생으로 보일 수도 있다. 앞도 보이지 않는 사람이 뭐하려고 뻔히 보이는 고난을 자처하여 저 고생을 하나 하고 말이다. 여유까지 있어 보이는 지금 그들의 모습에서는 그동안 얼마나 많은 시행착오가 있었는지 충분히 가늠할 수 있었다. 짜릿한 성취감의 맛으로 이미 몸과 마음이 단련된 그들은 진정 힘든 고비사막의 마라톤을 즐기고 있었다. 이들에게 딱 맞는 구절이 하나 있으니, '천재는 노력하는 자를 이기지 못하고, 노력하는 자는 즐기는 자를 이기지 못한다.'가 아닐까 싶다.

즐기면서 하는 실행이야말로 진짜 실행이다. 남들에게 뒤쳐지지 않기 위해 마지못해 하는 일들은 스스로 즐길 수도 없을 뿐더러, 좋은 결과를 가져오지 못하는 경우가 허다하다. 스스로 실천하는 실행을 만들어보자. '5초 실행'을 시발점으로 하나하나 시작해보는 것이다.

> 우리 주변의 성공한 사람들을 한 번 둘러보자. 하고 싶지 않은 일을 꾹 참아가며, 그저 외적 보상만을 바라고 꾸준히 일해서 큰 업적을 남기거나 큰 성공을 거둔 사람은 단 한 사람도 없다. 성공한 사람은 모두 다 하나같이 자기가 좋아서 하는 일을 그저 열심히 하다보니까 돈이나 성공이 따라오더라고 얘기한다. 이것이 바로 내재 동기다.
>
> 〈드라이브〉, 다니엘핑크

시류에 휩쓸려, 너도 나도 하니까, 나도 어쩔 수 없이 해야 한다는 강박관념은 이제는 버리자. 내가 원해서, 내가 하고 싶어서, 내가 즐거우니까 선택한 것이라 생각하자. 그런 생각들은 내가 하는 일의 능률을 올려줄뿐더러, 기분까지 즐거워진다. 이렇게 시작하는 '5초 실행'의 성과는 기존에 했던 결과와는 판이하게 다를 것이다. 스티브잡스, 빌 게이츠, 마크 저커버그, 그리고 래리페이지와 세르게이브린... 이들의 공통점은 하나같이 자신들이 좋아서 그 일을 시작했고, 그 일을 그저 즐기면서 했던 일이었기에 어느 누구보다 그 일에 더 충실할 수 있었고, 그 결과는 어느 누구도 예상치 못하는 위대한 결과들을 가져다주었다.

　즐기는 '5초 실행'이 진짜다. 애플의 스티브잡스, 마이크로소프트의 빌 게이츠, 페이스북의 마크 저커버그, 그리고 구글의 래리페이지와 세르게이브린도 '5초 실행', 즉 일어서서, 발을 내딛었기에 진짜 실행을 할 수 있었고, 역사의 한 페이지를 장식할 수 있는 획기적인 일들을 해낸 것이다. 내가 조금은 과장해서 확대해석한 일면도 없지 않아 있지만, 어떤 큰일을 시작할 때에, 일어서서, 발을 내딛어야만 어떤 일이든 벌어진다는 말을 하고 싶은 것이다. 혹시 누가 아는가? 위의 저들보다 더 위대한 인물이 우리나라에서 탄생할지 말이다. 중요한 것은 그 모든 배경에는 '5초 실행'이 있다는 것이다.

'5초 실행'이 후회 없는 삶을 만든다.
실행하는 자만이 영원한 청춘이다.

물리적인 영원한 청춘은 없다. 다만, '5초 실행'을 행하는 자는 매일을 후회 없는 삶으로 만듦으로써 결코 10대, 20대 청춘에게 뒤지는 삶이 아닌, 오롯이 자신만의 삶을 이끌어 나갈 수 있는 진정 영원한 '청춘'의 주인공이다. '5초 실행'의 시작은 미약할 수 있으나, 성과는 그 어떤 것에도 뒤지지 않는다. 시작하는 것 자체를 두려워하며 망설인다면 그 사이, 시간은 덧없이 흘러 후회만이 남게 된다. 그리고 지난날의 어리석었던 자신을 책망하고 또다시 후회하게 되는 악순환이 반복되는 것이다.

'시작해 볼까? 실패하면 어떡해? 그래도 해볼까? 에이~ 내가 어떻게 그걸 해내겠어? 그냥 말지 뭐...' 주저하며 망설이는 사이 시간은 계속 흐르고 있다. '해도 후회, 안 해도 후회'

란 말이 있다. 그렇다면 '그때 했어야 했는데…'하며 하지 않아서 후회하느니 보다, 해보고 난 후에 후회하는 편이 더 낫지 않을까? 어차피 후회할 거라면 말이다. 그만큼 스스로 실행해서 얻은 경험은 자신의 몸으로 체험하고 습득한 산지식으로 책에서 체득한 지식과는 차원이 다르다. 그래서 망설이지 말고 일단 '실행'을 하라는 것이다. 일단 시작해야 한다. 반복적으로 실행을 하다 보면, 결코 후회할 시간이 없다. 결과가 어떻게 될지 미리 지레짐작으로 판단하여 시작도 해보지 않고 '안 될 거야.'라며 포기하는 것은 잘못된 생각이다. 혹여, 잘못된 길로 들어섰다면, 다시 시작하면 된다. '괜히 했다.'고 후회할 시간에 또 다른 실행에 도전하면 된다. 그뿐이다. '5초 실행'의 장점이 그것이다. 언제든 다시 시작하면 된다. 작심삼일에 그쳤다면, 오늘 다시 시작하면 된다.

> 세상에는 책을 통해서 배울 수 있는 지식이 있고 온몸으로 부딪쳐 터득해나가야 하는 것이 있습니다. 그런 경험들을 우린 산지식이라고 부르지요. 직접 경험이 불가능할 때 우리는 책을 통해 간접경험을 하게 됩니다. 그만큼 생생한 경험은 세상 무엇과도 바꿀 수 없는 소중한 재산인 것이지요.
>
> 〈에스프레소 그 행복한 사치〉, 공병호

Chapter.4에 등장하는 실행의 주역들의 공통점은 하나같이 똑같다. 뭔가 기반이 다 갖추어져서 시작하고 실행한 것이 아닌, 아무도 미래를 장담할 수 없는 조건에서도 무조건 먼저 도전하고 실행했고, 그러다 혹여 잘못된 길로 들어섰을 때는, 또다른 실행을 반복적으로 해 나갔던 것이다. 총각네 야채 CEO 이영석, 중국 인터넷 전자 상거래 사이트 알리바바 CEO 마윈, 영국 팝페라 가수 폴 로버트 포츠, 미국의 방송인 오프라 윈프리, 이삭토스트 CEO 김하경, 이들 모두 결코 단시일에 좋은 성과를 거두려 하지 않고, 묵묵히 자신의 길을 헤쳐 나갔던 것이다.

'5초'란 시간은 짧다면 짧고, 길다면 긴 시간이다. 얼마만큼 인식하고, 얼마만큼 잘 쓰려고 생각하는 사람에겐 그 '5초'란 시간은 한 없이 길게 느껴질 수 있는 시간이다. 자, 지금부터 하면 된다. Chapter.5의 '5초 실행 혁명 프로젝트 7법칙'을 근간으로 Chapter.2 기적의 '5초 실행'을 지금 당장 시작해 보자. '5초 실행'을 함에 있어, 생각 따윈 필요 없다. 그저 하면 된다. 모든 실행의 초석인 '5초 실행'으로 더 큰 실행의 성과를 맛볼 수 있다. 우리는 다만 뭔가를 시작하지 않아서 그렇지, 실행만 하면 충분히 할 수 있는 역량을 모두 가지고 있다. 우리는 온갖 많은 실행 거리들을 머릿속에만 그저 가둬두고, 결과까지 미리 계산을 하는 습관 때문에, 시작도 해보지 않고 이내 포기하는 것이다. 그래서 더 몸을 일으키는 것을, 발을 내딛는 것을 힘들어했던 것이다.

일본의 베스트셀러 작가 나카타니 아키히로의 책 중에 '하지 않으면 안 될 50가지' 시리즈가 있다. 일본과 한국에서 90대 후반부터 2000년대 초.중반까지 베스트셀러를 넘어 스테디셀러로 꾸준히 사랑 받았던 책들이다. 대학생, 10대, 20대, 30대, 40대들에게 말해주는, 일종의 그 나이에 맞는 시기에 해야 할 행동강령들을 묶어 낸 책들이다. 나도 한때 20대, 30대, 40대가 될 때마다 각 세대에 해당하는 책을 사서 읽고, 밑줄까지 쳐가며 읽었던 적이 있었다. 하지만, 아무리 좋은 책, 좋은 행동강령들이라도 실행하지 않으면 무용지물이다. 머리가 아닌 몸으로 해야 한다. 그렇기에 '5초 실행'의 필요성과 당위성은 굳이 말하지 않아도 가장 중요하다는 것을 여러분 모두 알고 있을 것이다.

'5초 실행' 지금 당장 시작하자. 거창하게 큰 목표나, 수십 가지의 해야 할 것들을 만들 필요도 없다. 지금 당장 내가 할 수 있는 가능한 것, 한 가지만이라도 당장 시작하면 된다. '5초 실행'으로 시동부터 걸고 일어서면 된다. 그리고 발을 내딛으면 되는 것이다. 그렇게 한발 한발 내딛고 꾸준히 실행을 해 나가다 보면, 또 다른 기회가 생기고, 실행을 거듭할수록 성취감이 생겨 자신감이 충만하게 되는 것이다.

후회 없는 삶을 만들고 싶은가?

그렇다면 지금 당장 당신이 해야 할 것은 '5초 실행'뿐이다.

Never regret yesterday. Life is in you today,
and you make your tomorrow.

절대 어제를 후회하지 마라.
인생은 오늘의 당신 안에 있고,
내일은 당신 스스로 만드는 것이다.

– 미국 소설가/시나리오작가/사진작가, L. 론 허바드 –

수백 번의 이상적인 생각보다 한 번의 실행이 변
화의 시작이다.

– Facebook 최고운영 책임자, 셰릴 샌드버그 –

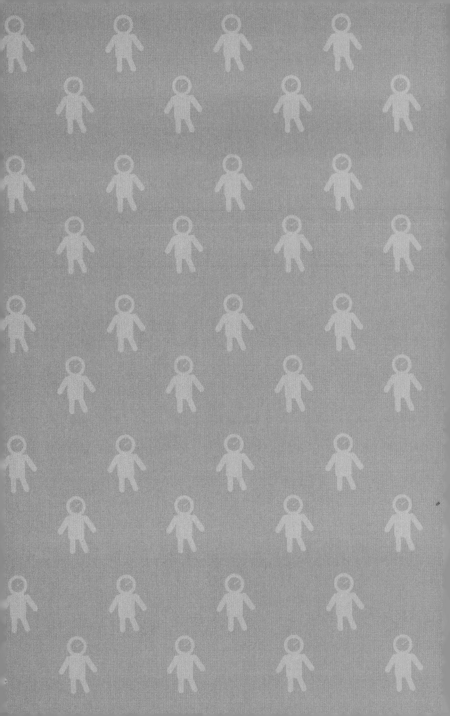